Kulturgeschichte
sehen lernen

Gottfried Kiesow

Kulturgeschichte
sehen lernen

monumente
Kommunikation GmbH

Verlag der Deutschen Stiftung
Denkmalschutz
1997

Grußwort

„Kulturgeschichte sehen lernen" von Gottfried Kiesow, dem Mitbegründer und Vorsitzenden der Deutschen Stiftung Denkmalschutz, ist der Versuch, aus Spuren der Vergangenheit Eindrücke und Erkenntnisse wiederzugeben, die etwas vom Leben und Wesen der Menschen früherer Generationen verraten oder zumindest erahnen lassen.

Geschichte so gesehen bedarf des geschulten Auges des Fachmannes und Wissenschaftlers. Es ist das Verdienst Gottfried Kiesows, seine Spurensuche so gegenständlich und lebendig dargestellt und dabei zugleich eine Fülle von Hintergrundinformationen geboten zu haben, daß der interessierte Leser nicht nur geradezu Abenteuerliches erfährt, sondern daß in ihm zugleich die Neugier geweckt wird, die geschichtlichen Spuren an Bauwerken, Straßen, Wegen, Brücken und Plätzen selbst zu entdecken und zu erwandern.

Das Buch „Kulturgeschichte sehen lernen" kommt sicher dem Wunsch vieler Menschen nach, die, um die Auflösungstendenzen unseres gesellschaftlichen Ordnungsbildes besorgt, sich auf der Suche nach Orientierungswerten vermehrt der Vergangenheit zuwenden. Insofern erfüllt das Buch auch einen gesellschaftspolitischen Auftrag.

Bonn, im August 1997   Dr. Robert Knüppel,
                                   Geschäftsführer der Deutschen
                                      Stiftung Denkmalschutz

Inhalt

Wie sich Gestaltungsformen entwickelt haben

Welche Einblicke Kulturdenkmale gewähren

Vorwort

Oft sind es die kleinen Dinge des Lebens, anhand derer komplexe Zusammenhänge erst plastisch vor Augen treten und den Menschen in ihrer Eigenart und Besonderheit verständlich werden. Was für die komplizierten Strukturen einer modernen Gesellschaft gilt, besitzt auch für die Kulturgeschichte im allgemeinen und die Baugeschichte im besonderen seine Gültigkeit. Wieviel kann der kundige Beobachter nicht allein aus der Anordnung des Maßwerks über die Entwicklung gotischer Bauformen erfahren? Was erzählen mittelalterliche Straßennamen, die auf Bänke und Buden verweisen, nicht alles über Handel und Gewerbe unserer Vorfahren, welch erbauliche Geschichten rufen unscheinbare Steinkreuze nicht in Erinnerung?

Auf die oftmals übersehenen Aspekte unserer Kultur- und Baugeschichte möchte das vorliegende Buch aufmerksam machen, auf scheinbare Nebensächlichkeiten, all das, was Reiseführer gemeinhin genauso verschweigen, wie die gelehrten Handbücher und Monographien.

Der Wunsch, den Blick zu schärfen für die Fülle kulturhistorischer Zeugnisse an unseren Bauwerken und in ihrem Umfeld, entspringt dem jahrzehntelangen Wirken des Autors als Landesdenkmalpfleger von Hessen. Steht die Instandsetzung oder Restaurierung eines Denkmals zur Diskussion, kommt es eben darauf an, auch die kleinsten Besonderheiten im Blick zu haben und kritisch zu prüfen, ob und inwiefern der Detailreichtum eines Bauwerks zu dessen authentischer und damit zu erhaltender Substanz gehört. So entsteht allmählich – neben den großen Linien, die die Kunstgeschichte als Orientierung vorgibt – eine dichtes, farbenfrohes Netz von ‚kleinen Dingen‘, die den Bauwerken erst ihr eigenes, unverwechselbares Leben einhauchen.

Aus dem Wunsch heraus, dieses Wissen weiterzugeben, habe ich in meiner Funktion als Vorsitzender der Deutschen Stiftung Denkmalschutz in unserem Magazin Monumente die Rubrik „Sehen lernen mit Gottfried Kiesow" eingeführt, die darauf angelegt ist, den Blick für das zu schärfen, was die besondere Faszination der Denkmalpflege ausmacht und was tagtäglich überzeugend vor Augen führt, wie gewinnbringend nicht zuletzt für das Verständnis der eigenen Gegenwart ein Engagement für die Zeugnisse der Vergangenheit sein kann. Auf den vielfältig geäußerten Wunsch hin legen wir nun die ersten 24 Folgen der Zeitschriftenserie in Buchform vor.

In diesem Zusammenhang möchte ich vor allem meinen zahlreichen Leserinnen und Lesern danken, die in den vergangenen Jahren stets großen Anteil an meinen Beiträgen genommen haben und meiner Bitte um ergänzende oder auch weiterführende Hinweise zahlreich und engagiert gefolgt sind. Es ist mir in diesem Zusammenhang leider nicht möglich, auf alle Bemerkungen im einzelnen einzugehen und jedem persönlich für seinen Beitrag zu danken, deshalb bitte ich Sie, dieses Buch auch als meine persönliche Antwort auf diesen mehrjährigen intensiven und höchst erfreulichen Kontakt aufzufassen. Dieses Buch wäre nicht in seiner ansprechenden Gestalt erschienen ohne die Hilfe von Frau Dr. Ingrid Scheurmann, deren Redaktion die Lesbarkeit der Texte erleichtert hat. Auch nach deren Vorliegen in Buchform wird die Serie „Sehen lernen mit Gottfried Kiesow" in der Zeitschrift Monumente fortgesetzt werden.

Wiesbaden, im Juni 1997   Gottfried Kiesow

Was an Wegstrecken
zu entdecken ist

Nicht wenige unserer Denkmale richten sich mit oftmals versteckten Botschaften an die Reisenden, die bereits im Mittelalter die damals noch weitgehend unsicheren Straßen bevölkerten. Ob Wegzeichen an einsamen Landstraßen errichtet wurden, Kreuze mahnend an historische Begebenheiten erinnern oder Christophorus- und Jakobusfiguren auf die trostspendende Verehrung der Schutzheiligen von Pilgern und Reisenden hinweisen, gemeinsam ist diesen Denkmalen bzw. den im folgenden beschriebenen architektonischen Denkmaldetails, daß ihre Botschaft denjenigen gilt, die aus welchen Gründen auch immer unterwegs waren: den Pilgern und Händlern, Scholaren, Mönchen und Handwerksburschen, aber auch dem sogenannten fahrenden Volk.

Wegmarken, die an historische Straßen erinnern

Abb. 1:
Die engste Stelle
der Via Regia in
Gelnhausen/
Hessen.

Bevor die Welt durch ein immer dichter werdendes Netz von Flug- und Eisenbahnlinien erschlossen wurde, waren die Straßen die wichtigsten Lebensadern der Zivilisation, denn sie ermöglichten den Austausch von Waren und die Ausbildung kultureller Beziehungen.

Doch darf man sich die Entwicklung bis zum heutigen Stand des Straßennetzes nicht als eine gleichmäßig aufsteigende Linie vorstellen, sondern als eine kurvige Bahn mit Höhen und Tälern. So besaß bereits das Römische Reich ein gut ausgebautes System von Straßen, hingegen waren selbst die wichtigsten mittelalterlichen Fernstraßen recht primitiv. Außerhalb der Ortschaften konnte man sie in Bezug auf Trassenführung und Befestigung häufig kaum als Straßen erkennen, und innerhalb der Städte waren sie erstaunlich eng – so auch die berühmte Via Regia von Frankfurt am Main über Leipzig nach Bautzen, Görlitz, Breslau und Krakau. Ihre engste Stelle lag in der Stadt Gelnhausen nordwestlich der Marienkirche (s. Abb. 1). Damit auch beladene Planwagen sie noch passieren konnten, gab in Frankfurt auf der Messe ein Lattengerüst die Höhe und Breite dieses Engpasses wieder – ähnlich jenen rotweiß gestrichenen Begrenzungslatten, die heutzutage die zulässige Fahrzeughöhe bei der Einfahrt in Tiefgaragen markieren.

Das Tempo des Reisens scheint für alle ähnlich gewesen zu sein, egal ob als Fußgänger, in der Postkutsche oder auf dem Planwagen, denn Entfernungen wurden auf den Wegsteinen nicht in Meilen, sondern in Stunden angegeben. Der Inschrift des hier abgebildeten Steines (s. Abb. 2) an der

dete dennoch die Entfernungsangabe ‚Wegstunden‘, weil sie in der Bevölkerung und wohl auch bei der Post gebräuchlicher war als Ruten oder Meilen. Erst auf den ab 1858 in Sachsen errichteten Königlich-sächsischen

Abb. 2 (links): Stundenstein bei Niederbrechen/ Hessen.

Abb. 3 (rechts): ‚Wandersmann‘ bei Wallau/ Hessen.

Bundesstraße 8 bei Niederbrechen (Kreis Limburg-Weilburg) zufolge benötigte man 1789 von Koblenz zehn, von Frankfurt elf Stunden bis zu diesem Ort. Es existierte bereits ein gut ausgebildetes Vermessungswesen, das die Entfernungsangabe in Meilen erlaubt hätte. Nachdem der sächsische Land- und Grenzkommissar Adam Friedrich Zürner schon 1720 eine Meßkutsche entwickelt und damit im Auftrag seines Königs August des Starken relativ genau Entfernungen in sächsischen Ruten ermittelt hatte, hätte man diese in Meilen umrechnen und auf den Wegsteinen angeben können. Adam Friedrich Zürner verwen-

Meilensteinen wurden Meilenangaben als Entfernungsmaß verwendet.

Im anbrechenden Industriezeitalter begann man am Ende des 18. Jahrhunderts mit dem systematischen Ausbau der Straßen zu Chausseen mit geradliniger Trassenführung und gepflasterter Oberfläche. Die Landesherren waren sich dieser Leistung so bewußt, daß sie sich dafür selbst in Denkmälern feierten, so 1813 Herzog Friedrich August von Nassau im sogenannten ‚Wandersmann‘, einem heute im Winkel des Wiesbadener Autobahnkreuzes bei Wallau recht verborgen stehenden Obelisken aus rotem Sandstein (s. Abb. 3). Mit einer sol-

Abb. 4:
Bogen an der
Via Trajana
Nova bei
Canosa di
Puglia/Italien.

chen Denkmalsetzung folgte man dem Beispiel der Römer, die den Bau der Via Trajana Nova am Knotenpunkt vor Canosa di Puglia mit einem großen Bogen hervorhoben (s. Abb. 4) und das Ende dieser neuen, die Via Appia ersetzenden Straße sogar mit zwei mo-

numentalen Säulen am Hafen von Brindisi markant betonten (s. Abb. 5). Da war der Herzog von Nassau mit seinem ,Wandersmann' weniger pathetisch und zugleich praktischer, denn er ließ am Fuß des Obelisken eine große Brunnenschale aufstellen, aus der die erschöpften Pferde getränkt werden konnten, wenn sie die schwer beladenen Wagen den Berg hinaufgezogen hatten. Heute rasen wir mit vielen Pferdestärken achtlos an diesem Obelisken vorbei, die Steigung kaum noch spürend. Doch wer sich die Zeit nimmt, findet am Wegesrand noch viele Denkmäler aus der mehr als zwei Jahrtausende umfassenden Geschichte des Straßenbaus.

Abb. 5:
Säule am Hafen
von Brindisi/
Italien.

Weshalb an vielen alten Brücken Steinkreuze und Kapellen stehen

Abb. 1: Brücke über die Werra bei Creuzburg/ Thüringen.

Abb. 2: Steinkreuz mit eingeritztem Dolch an der Brückenrampe.

Bei Creuzburg in Thüringen überquert schon seit dem Mittelalter die Handelsstraße von Frankfurt nach Leipzig die Werra auf einer der ältesten Steinbrücken in Deutschland, erbaut 1223 (s. Abb. 1). An der südöstlichen, der Stadt abgewandten Flußseite steht unmittelbar vor der Brückenrampe die Liboriuskapelle, ein schlanker spätgotischer Bau von 1499. Das Reisen war zu jener Zeit nicht nur mit Strapazen, sondern auch mit vielen Gefahren verbunden. Da man vor dem Verlassen der Stadt den Schutz des Himmels erflehte, sind nahezu alle mittelalterlichen Steinbrücken mit einer Kapelle ausgestattet. Das Überqueren einer

Abb. 3:
*Valentinskapelle
in Eppertshau-
sen/Hessen mit
eingemauertem
Steinkreuz.*

Brücke war besonders gefährlich, denn an einem Punkt, den jeder passieren mußte, konnten Wegelagerer lauern. In Creuzburg muß es einen Raubmord an einem Reisenden gegeben haben, davon zeugt ein Steinkreuz (s. Abb. 2) an der Brückenrampe. Die Ritzzeichnung eines Dolches erinnert an das blutige Ereignis.

Steinkreuze wurden häufig als Sühnezeichen für Verbrechen errichtet. Manchmal haben wir dafür auch einen urkundlichen Beleg, so in Eppertshausen, Kreis Darmstadt-Dieburg (Hessen). Das Steinkreuz ist hier offensichtlich von Anfang an in die 1440 geweihte Valentinskapelle (s. Abb. 3) eingemauert worden. Es ist ganz schmucklos – um so wichtiger ist es, daß uns eine Urkunde von 1438 den folgenden Anlaß seiner Errichtung überliefert: Ein Mann namens Lenhard Richards hatte einen anderen namens Henne Vitter im Zorn erschlagen. In Gegenwart der Hinterbliebenen des Opfers gelobte er Sühne durch Wallfahrten nach Einsiedel und Aachen, die Stiftung von Messen zum Seelenheil des Getöteten, die Zahlung von jährlich 100 Gulden für vier Jahre zum Bau der Valentinskapelle in Eppertshausen und schließlich die Errichtung eines Steinkreuzes „und dies setzen an ein Ort als dies gewöhnlich ist".

In die äußere Chorwand der alten, 1850 durch Brand vernichteten Mauritiuskirche in Wiesbaden war ein Steinkreuz (s. Abb. 4) eingemauert, das jetzt in der neuen Mauritiuskirche in der Schumannstraße aufgestellt ist. Am Kreuzesstamm erkennt man das Reliefbildnis einer schmerzhaften Muttergottes und darüber eine lateinische Inschrift, deren deutsche Übersetzung

fatius 754 den Märtyrertod. Seinen Leichnam brachte man als kostbare Reliquie nach Fulda. Zur Erinnerung daran soll man überall, wo der Prozessionszug rastete, ein derartiges Steinkreuz mit den drei Buchstaben errichtet haben.

Steinkreuze sind, wie der Name sagt, Kreuze aus Stein. Es gibt unzählige davon, außerdem Kreuzsteine – das

*Abb. 4:
Steinkreuz in
der Mauritius-
kirche in
Wiesbaden/
Hessen.*

*Abb. 5:
Im Diözesan-
museum Fulda
befindet sich das
älteste bekannte
Steinkreuz.*

uns verrät, daß am 28. Oktober 1382 die Frau Meckel starb, getötet von Heinz Humbach.

Das älteste bisher bekannte Steinkreuz wird im Diözesanmuseum Fulda (s. Abb. 5) aufbewahrt. Es trägt schwach eingeritzt die Buchstaben HBQ als Abkürzung für „hic Bonifatius quievit", zu deutsch: „Hier ruhte Bonifatius". Bei dem Versuch, die Friesen zum Christentum zu bekehren, starb Boni-

sind Steine von unterschiedlicher Gestalt, in die ein Kreuz eingearbeitet ist –, ferner Bildstöcke und andere Flurdenkmäler wie Grenzsteine und Meilensteine. Über sie berichtet auch der nächste Beitrag dieses Bandes: Beide wollen dazu anregen, auf Wanderungen nicht nur auf die Schönheiten der Natur, sondern auch auf die Spuren der wechselvollen Geschichte zu achten.

Was man durch einen Kreuzstein alles erfahren kann

Abb. 1:
Herzog-Albrecht-
Denkmal,
nach Merian.

Wenige Kilometer westlich von Hannover liegt malerisch in die Leinewiesen eingebettet das Dorf Schloß Ricklingen. Am westlichen Ortsausgang zur Brücke über die Leine steht auf einem Hügel unmittelbar neben der Straße das Herzog-Albrecht-Denkmal von 1385 (s. Abb. 1). Es ist eigentlich ein Kreuzstein, jedoch einer mit besonderer Bedeutung. Das ist schon daran zu erkennen, daß man 1610 – also 225 Jahre nach seiner Aufstellung – einen steinernen Baldachin zum Schutz des Steins gegen Wind und Regen errichtete (s. Abb. 2) und diesen 1722 sorgsam renovierte. All dies ist am Fries des Baldachins in einer Inschrift genau festgehalten. Der zwei Meter hohe Kreuzstein selbst (s. Abb. 3) gehört zu einem häufiger vorkommenden Typus mit einem großen Kreismedaillon anstelle der Balkenkreuzung. Dieses Medaillon enthält ein Relief des Gekreuzigten zwischen Maria und Johannes. Diagonal dazu erscheinen in den halbkreisförmigen Annexflächen die vier Evangelistensymbole. Im unteren Teil ist im Halbrelief ein kniender Ritter in Rüstung dargestellt. Die Umschrift am Rand des Kreuzigungsreliefs verrät uns in gotischen Minuskeln, wessen hier gedacht wird – ins Hochdeutsche übersetzt: Herzogs Albrecht von Sachsen und von Lüneburg und Kurfürst und Erzmarschall des Römischen Reiches. Zwei Wappen beiderseits in kleinen Medaillons und ein drittes links von seinen Knien weisen seine Würden aus. Soweit scheint alles klar zu sein. Ein Rätsel gibt uns lediglich der große, mit einem Eisenband auf der Oberseite des Kreuzsteins befestigte Feldstein auf. Die Lösung bietet die Inschrift im Kreisfeld der Rück-

daran (an den Folgen der schweren Verwundung)." Die kniende Betergestalt, bekleidet mit Mantel und Hut, gibt wohl den Herzog wieder. In dem von ihm gehaltenen Spruchband steht in Großbuchstaben: MISERE MEI DEUS.

Abb. 2 (links): Baldachin zum Schutz des Kreuzsteines aus dem Jahr 1610.

Abb. 3 (rechts): Kreuzstein für Herzog Albrecht aus dem Jahr 1385.

seite: „Ano 1385 iare | uerteyen nacht na Paschen | do togen de uan lunenborch | mit orem heren hertogen | albrechte to sassen vor de | borch to rickelinge vppe de | van mandelse dar so wart | hertoge albrecht gewarve | mit eyner blyen dat se aff | togen vnde hertoge | albrecht de starff | dar van." Frei ins Hochdeutsche übertragen: „Im Jahre 1385 – vierzehn Nächte nach Ostern – da zogen die von Lüneburg mit ihrem Herzog Albrecht von Sachsen vor die Burg zu Ricklingen gegen die Herren von Mandelsloh. Da so ward Herzog Albrecht von einer Blyden geworfen, worauf sie (die Lüneburger) abzogen und Herzog Albrecht starb

Die Besitzer der Wasserburg Ricklingen unternahmen in der Zeit um 1370-85 immer wieder Raubüberfälle auf die die Leine befahrenden Schiffe der Kaufleute von Hannover und Bremen. Daher rührt die noch heute in dieser Gegend gebräuchliche Warnung vor verfrühtem Optimismus: „Wir sind noch nicht an Ricklingen vorbei." Diesem räuberischen Treiben, vor allem des Ritters Dietrich von Mandelsloh, wollte Herzog Albrecht durch die Eroberung der Burg Ricklingen ein Ende bereiten. Er leitete die Belagerung der Burg von dem nahegelegenen Hügel aus, auf dem heute noch sein Denkmal steht.

19

Abb. 4:
Ansicht von
Ricklingen in
einem Stich von
Merian, um
1640.

Merians Stich aus der Zeit um 1640 (s. Abb. 4) gibt die Situation anschaulich wieder. Nur muß man sich anstelle des Schlosses auf der linken Seite eine mittelalterliche Burg mit hohen Mauern und Türmen vorstellen. Aus dieser Burg heraus wurde mit einer Blyde (einem mittelalterlichen Steinschleudergeschütz, s. Abb. 5) der später dann auf dem Denkmal angebrachte Feldstein abgeschossen, der den Herzog so schwer am Bein traf, daß er einige Tage später an der Verletzung starb.

Nach lokaler, auch schriftlicher Überlieferung soll sogar die Tochter des Ritters von Mandelsloh, Sofie, bei dem tödlichen Schuß gezielt haben.

Man wundert sich heute, daß der Herzog dem doch relativ langsam heranfliegenden Wurfgeschoß nicht hatte ausweichen können. Für den Betroffenen war der nach langsamem, schmerzvollem Dahinsiechen erfolgende Tod, der von derart primitiven Waffen verursacht wurde, gewiß nicht weniger grausam als tödliche Verletzungen in derzeitigen Kriegen, die mit modernen, elektronisch gesteuerten Waffen ausgefochten werden. Dies macht uns das Herzog-Albrecht-Denkmal überdeutlich. Wo anders als in unseren Kulturdenkmalen ist Geschichte so zum Greifen nahe? Man muß nur lernen, in dieser steinernen Chronik zu lesen.

Abb. 5:
Zeichnung des
‚Blyde‘ genannten
mittelalterlichen
Steinschleuder-
geschützes.

Warum der heilige Christophorus übergroß dargestellt wird

Mittelalterliche Wand- und Gewölbemalereien geben fast immer kleinfigurige Szenen aus der Bibel oder aus Heiligenlegenden wieder, die sich maßstabsgerecht in die Innenarchitektur einfügen. Ausgenommen davon ist aus verständlichen Gründen die Gestalt Christi, der meist als Weltenrichter monumental in der Apsis oder über dem Chorbogen erscheint. Es gibt jedoch eine zweite Ausnahme, die auf den ersten Blick nicht so einleuchtend ist, nämlich die über eine ganze Wand reichende, übergroße Wiedergabe des heiligen Christophorus, zum Beispiel an der Westwand der Schloßkapelle in Marburg (um 1300, s. Abb. 1).

Nach der Legende war dieser ein Riese namens Reprobus oder Offerus, der nur dem mächtigsten König dienen wollte. Nach langer Suche wies ihn ein Eremit auf Christus als den mächtigsten Herrscher hin. An einer gefährlichen Flußstelle trug der Riese nun Menschen auf seinem Rücken von einem Ufer zum anderen, nur gestützt auf eine große Stange. Eines Nachts weckte ihn flehentliches Rufen, und er fand in der Dunkelheit ein Kind, das über den reißenden Strom gebracht werden wollte. Als er mit ihm auf der Schulter ins Wasser stieg, wurde ihm das Kind immer schwerer, bis er fürchtete, von der Last erdrückt ertrinken zu müssen. Da gab sich Christus zu erkennen mit den Worten: „Mehr als die Welt hast du getragen:

Der Herr, der die Welt erschaffen hat, war deine Bürde" und taufte ihn.

Von nun an nannte der Riese sich Christophorus (aus dem Griechischen übersetzt ‚Christusträger') und wurde später verehrt als Nothelfer vor plötzlichem Tod, den die Menschen des Mittelalters besonders fürchteten, weil er ihnen die Möglichkeit nahm, die Sterbesakramente zu empfangen. Vor

Abb. 2 (links):
Außenwand der
Kirche Maria
Saal/Kärnten.

Abb. 3 (rechts):
Haus ,Zum
Christophorus'
am Riedtor in
Arnstadt/
Thüringen.

Abb. 2 (links):
Außenwand der
Kirche Maria
Saal/Kärnten.

Abb. 3 (rechts):
Haus ,Zum
Christophorus'
am Riedtor in
Arnstadt/
Thüringen.

diesem Schicksal, das die ewige Seligkeit kosten konnte, sollte man an jedem Tag gefeit sein, an dem man das Bild des Christophorus gesehen hatte. Daran glaubten wohl auch die Landgrafen von Hessen, als sie sich die riesige Gestalt des Christophorus in die Westnische ihrer Schloßkapelle malen ließen.

Sehr häufig entdeckt man das übergroße Bildnis in Pfarr-, Kloster- und Wallfahrtskirchen, so zum Beispiel in San Zeno Maggiore in Verona. Für all diejenigen, denen es nicht möglich war, täglich das Innere einer Kirche zu betreten und den unübersehbaren Christophorus zu erblicken, weil sie draußen in den Feldern ihrer Arbeit nachgehen mußten, malte man den

Heiligen manchmal auch riesig groß auf die Außenwände, in unserem Beispiel die der Kirche von Maria Saal in Kärnten (s. Abb. 2). Dieses Fresko aus dem 17. Jahrhundert zeigt, daß die Legende ihre Wirkung über das Mittelalter hinaus behielt.

Noch ungeschützter vor plötzlichem Tod ohne geistlichen Beistand als die Bauern waren alle Reisenden, zu deren besonderem Schutzpatron Christophorus wurde. Sein Bildnis schmückt über zwei Geschosse reichend die Fassade des nach ihm benannten Hauses in Arnstadt/Thüringen (s. Abb. 3), so unmittelbar vor dem Riedtor gelegen, daß es jeder vor dem Verlassen der Stadt passieren mußte.

Abb. 4:
Felsenmalerei an
der Paßstraße
von Eisenkappel/
Kärnten nach
Ljubljana.

Wo die Straßen durch dünnbesiedelte Gebiete führten, konnten die Reisenden nicht hoffen, an jedem Tag eine Ortschaft zu erreichen und waren gerade in diesen menschenleeren Gegenden besonderen Gefahren durch die Unbilden der Natur wie auch durch räuberisches Gesindel ausgesetzt. Deshalb malte man den Christophorus in Ermangelung von Kirchen, Kapellen oder Häusern auch auf Felsen, wie an der Paßstraße über den Seebergsattel von Eisenkappel (Kärnten) nach Ljubljana (s. Abb. 4).

Der Pilgerweg nach Santiago de Compostela

Hoch oben am Ostchor der Paulskirche in Worms entdeckt man an einer Lisene zwischen den Fenstern zwei aus dem Werkstein herausgearbeitete Muscheln (s. Abb. 1) und fragt sich, was sie wohl zu bedeuten haben. Einmal auf dieses Motiv aufmerksam geworden, findet man es häufiger und an verschiedenen Stellen, so an einer Säulenbasis im Langhaus von St. Georg in Hagenau/Elsaß (s. Abb. 2).

Könnte hinter diesen Beispielen vielleicht noch ein reines Schmuckmotiv der romanischen Architektur vermutet werden, so kommt man bei der Betrachtung der Fassade des Hostal San Marcos in der spanischen Stadt León (s. Abb. 3) zu dem Schluß, daß die Muschel etwas mit dem Pilgerweg nach Santiago de Compostela zu tun haben muß, denn dieses Gebäude diente vor allem den Pilgern als Herberge. Die ganze Fassade ist hier mit Muscheln überzogen. Auf dem langen, beschwerlichen Fußmarsch weit in den Westen Europas mußten die Pilger häufig rasten, ihren Durst löschen und ihre brennenden Füße kühlen. Dafür legte man in Logroño vor der Kirche Santiago el Real ein stattliches Brunnenhaus an (s. Abb. 4), an dem im rechten Wappen erneut die Muscheln auftauchen. Schließlich auf dem Pilgerweg nach Oviedo gelangt, erblickt man am Portal der Kathedrale die Statue des heiligen Jakobus des Älteren, dessen Hutkrempe eine Muschel ziert.

Abb. 1:
Der Ostchor der
Paulskirche in
Worms/Rhein
land-Pfalz.

Abb. 2:
Säulenbasis in
St.Georg in
Hagenau/Elsaß.

Man erinnert sich daran, daß eine besonders schmackhafte Meeresfrucht Jakobsmuschel genannt wird. Namensgeber ist der Apostel Jakobus der Ältere, der nach dem zu Pfingsten erteilten göttlichen Auftrag in Samaria und Jerusalem das Evangelium verbreitete, bis ihn König Herodes im Jahre 44 n. Chr. durch das Schwert enthaupten ließ, wie die Apostelgeschichte in Kapitel 12, Vers 2 berichtet. Eine der vielen Legenden, mit denen die mittelalterlichen Gläubigen die Überlieferung des Neuen Testamentes ausschmückten und weitererzählten, läßt die Gebeine des heiligen Jakobus auf wundersame Weise über das Meer nach Spanien gelangen, wo man sie in der Zeit um 820 an der Stelle entdeckt zu haben glaubte, die vom 11. Jahrhundert an zu einer der berühmtesten Wallfahrtstätten des gesamten Mittelalters wurde.

Aus dem selbstempfundenen Bedürfnis nach Buße oder aufgrund einer für schwere Sünden verordneten Strafe begab sich manch einer auf eine Pilgerreise, deren erhoffte Wirkung um so größer war, je mühevoller und gefährlicher sie sich gestaltete. Das Heilige Land war dafür das ideale Ziel, befand sich jedoch in der Gewalt des Islam. Die Kreuzzüge richteten sich auf die Befreiung der christlichen Stätten im Heiligen Land. Gewissermaßen eine Unterstützung dieses Unternehmens war die Vertreibung der Mauren von spanischem Gebiet, welche jedoch erst 1492 gelang. Die Rückeroberung der iberischen Halbinsel vom Islam – ‚Reconquista‘ genannt – wurde durch König Ramiro I. von Asturien mit dem Apostel Jakobus d.Ä. verbunden: Der Heilige soll dem König in der Schlacht bei Clavigo am 23. März 844 schwertschwingend auf einem weißen Roß erschienen sein, worauf das christliche Heer den verdutzten Mauren den seitdem traditionellen Schlachtruf ‚Santiago‘ entgegendonnerte und den Sieg

Abb. 3:
Fassade des
Hostal San
Marcos in León/
Spanien.

Abb. 4:
Brunnenhaus
vor der Kirche
Santiago el Real
in Logroño/
Spanien.

*Abb. 5 (links):
Jakobus-Statue
in der ihm
geweihten
Kirche in La
Coruña/
Spanien.*

*Abb. 6 (rechts):
Bekrönung eines
Westturms der
Wormser Pauls-
kirche nach
armenischen
Vorbildern.*

errang. Jakobus trägt deshalb den Beinamen ‚Maurentöter‘ und ist zum Schutzherrn Spaniens geworden, später dann auch zum Patron der unzähligen Wallfahrer zu seinem Grab nach Santiago de Compostela und schließlich der aller Pilger. Als ein solcher wird er häufig mit Mantel, Wanderstab und Kürbisflasche dargestellt, so in der ihm geweihten Kirche in La Coruña (s. Abb. 5).

Warum die Muschel zu seinem Attribut wurde, ist nicht überliefert. Vielleicht benutzte er sie zur Taufe der Bekehrten wie seinerzeit Johannes der Täufer und später der heilige Silvester (314-335). Die Muschel jedenfalls wurde zum Zeichen aller Pilger. Sie trugen sie sichtbar an der Kleidung zum Schutz vor Gefahren aller Art und brachten sie als Dank für die glückliche Heimkehr an ihren Kirchen an. Bei St. Paul in Worms geschah dies

wohl nach der Rückkehr von einem Kreuzzug aus dem Heiligen Land, denn die ungewöhnliche Bekrönung der Westtürme (s. Abb. 6) geht auf Vorbilder armenischer Zentralbauten im Vorderen Orient zurück. Im Inneren der Kirche ist auf einem Werkstein der Nordmauer ein Schiff mit einem Kreuz am Mast eingeritzt, das mit dem sogenannten ‚Deutschen Kreuzzug‘ in den Jahren 1195-98 in Verbindung gebracht wird, an dem die Wormser nachweislich teilnahmen. Dabei krönte Erzbischof Konrad von Mainz den kleinarmenischen Fürsten Leo II. zum König von Armenien.

So zeigt auch die unscheinbare Muschel hoch oben am Chor, daß es gerade die kleinen, wenig beachteten Details sind, die Spuren zu interessanten Zusammenhängen mittelalterlicher Geschichte legen.

Was Gebäude über Baugeschichte verraten

Bei einem Rundgang durch eine historische Altstadt fragen sich nicht wenige Besucher, wie es den Menschen vor Jahrhunderten eigentlich gelungen sein mag, ohne all die uns heute geläufigen Hilfsmittel so exakt, altersbeständig und gleichzeitig formschön zu bauen. Manches Mal muß man sich die Gebäude selbst nur ein wenig genauer ansehen, um etwas von den traditionellen Handwerkstechniken zu erfahren. Löcher in Mauerwerk oder auf Fachwerkständern sagen mehr aus, als man beim achtlosen Vorübergehen vermutet; sie erzählen, wie man schon im Mittelalter die schweren Steinquader auf die Mauerkronen zu befördern wußte und welche Fachwerkriegel mit welchen Ständern verbunden werden sollten. Versteckt verraten kleine Zeichen auch den berechtigten Stolz der Meister auf ihr Werk.

Von Wolf, Steinzange und den Männern im Laufrad

Wie Quadersteine auf die Mauerkrone gelangten

Abb. 1:
Westturm der
Stiftskirche in
Wetter/Hessen.

Im Quadermauerwerk gotischer Bauten entdeckt man bei näherem Hinsehen in nahezu jedem Stein Löcher, so wie z. B. am Westturm der Stiftskirche in Wetter (Kreis Marburg-Biedenkopf, Hessen, s. Abb. 1) Was mögen diese Löcher für eine Bedeutung haben?

Für Balkenlöcher sind sie viel zu klein, für nachträgliche Beschädigungen zu regelmäßig. Eine in die Gesteinsoberfläche am Strebepfeiler ne-

ben dem Südportal der Stadtkirche in Volkmarsen (Kreis Waldeck-Frankenberg, Hessen) eingeritzte Zeichnung (s. Abb. 2) liefert die Erklärung. Die Darstellung stammt aus der Erbauungszeit der Kirche um 1280 und gibt einen Laufkran wieder, mit dessen Hilfe man die schweren Quadersteine auf die Mauerkronen befördern konnte.

Die dafür erforderliche Kraft lieferten Menschen, die im Innern eines Laufrades von Sprosse zu Sprosse liefen und mit ihrem Eigengewicht das Rad in Bewegung brachten. Das um das Rad geschlungene Seil wickelte sich auf und hob – umgelenkt durch Rollen am Ausleger des Krans – den Stein empor. Dieser fehlt hier in der Zeichnung, dafür wird aber außer auf den Laufkran auf eine zweite technische Neuerung hingewiesen, auf die Steinzange. Der Steinmetz hat sie übergroß dargestellt, denn er war auf diese revolutionäre Neuerung in der Baukunst wohl sehr stolz.

Die Steinzange (s. Abb. 3) besteht aus zwei s-förmigen, in der Mitte mit einem Bolzen zusammengefügten Armen, die mit ihren oberen Enden an dem geteilten Aufzugseil des Kranes hängen. Bewegt sich die Lauftrommel des Krans und setzt das Seil unter Spannung, ziehen sich die unteren Enden der scherenartig konstruierten Steinzange zusammen und klemmen den Quaderstein ein. Damit er nicht aus der Steinzange herausrutschen kann, hat man zuvor in zwei gegen-überliegende Seitenflächen jedes Quaders jene kleinen Löcher eingeschla-gen, die wir im Bild vom Westturm der Stiftskirche in Wetter deutlich erken-

nen. So gelangt der Stein sicher auf die Mauerkrone und wird dort abgesetzt, wodurch der Zug des Seils nachläßt, die Steinzange sich automatisch öffnet und frei für den nächsten Arbeitsgang wird.

Abb. 2: Ritzzeichnung eines Laufkrans in der Stadtkirche in Volkmarsen/ Hessen.

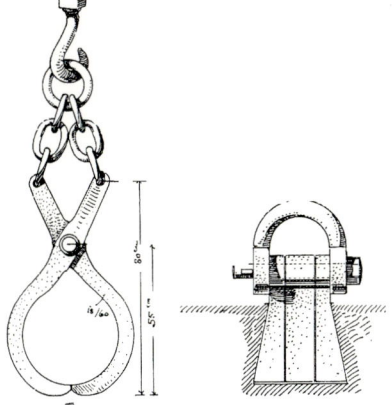

Abb. 3: Steinzange (links) und Wolf (rechts).

Vor Erfindung der Steinzange kannte man bereits in der Antike den sogenannten Wolf. Er ist eine kompli-zierte Vorrichtung aus zwei keilförmi-gen und einem geraden Eisenstück, die in ein schwalbenschwanzförmig nach innen verbreitertes Loch an der Ober-seite eines Quaders gesteckt wurden (s. Abb. 3). Durch Löcher an ihrem oberen Ende und durch die Ösen eines Bügels führte man einen Bolzen, den man durch einen Splint vor dem Herausfallen sicherte. Jetzt erst konnte man das Seilende mit dem Bügel verknoten und den Stein mit dem Kran auf die Mauerkrone heben. Dort zog man den Splint aus dem Bolzen, diesen aus den Keilen und diese wiederum aus dem Wolfsloch – das stets auf der Oberfläche des Steins sitzt und auf Außenmauern auch nicht zu finden ist, weil es von der nächsten Steinlage verdeckt wird.

Schon die Länge der Beschreibung läßt erkennen, wie kompliziert und damit zeitraubend der Einsatz des Wolfes war. Außerdem hing der Stein dabei an einem einzigen Punkt, der genau im Mittelpunkt der Fläche sitzen mußte, wenn es nicht zu einer Verkantung kommen sollte. Aus diesen Gründen, aber auch, weil man das Wissen der Antike im frühen Mittelalter nicht mehr hatte, ist bei uns der Wolf kaum angewandt worden. Man verpackte bis

zur Einführung der Steinzange die Quadersteine wie Pakete mit verknoteten Seilen, mußte beim Verschnüren und beim Auspacken auf der Mauerkrone jedoch den Stein anheben, um die Seile darunter durchziehen zu können. Welch große Erleichterung bedeutete da die Steinzange.

Ihre Löcher sind nicht immer sichtbar, weil sie an den durch benachbarte Steine verdeckten Seiten liegen können, oder wie hier im Bild vom Westgiebel der Klosterkirche in Haina (Kreis Waldeck-Frankenberg) von einem übereifrigen Bauhandwerker mit Mörtel zugeschmiert wurden und nur noch als helle Flecken erscheinen (s. Abb. 4). Wer jedoch mit geschultem Auge darauf achtet, wird die Löcher der Steinzange häufiger entdecken.

Abb. 4:
Westgiebel der
Klosterkirche in
Haina/Hessen.

Welche Aufschlüsse Steinmetzzeichen geben können

Das Bedürfnis der Menschen, das Monogramm ihres Namens oder eine Botschaft in Holz zu schnitzen oder in Stein zu ritzen, ist uralt und dient nicht immer der Verschönerung von Baudenkmälern. Doch gibt es außer derartigen nachträglichen ‚Verunzierungen' auch ursprüngliche Zeichen in den Natursteinquadern historischer Bauten.

Man kann sie durch ihre feinere Zeichnung von späteren Einritzungen eindeutig unterscheiden, wie es zum Beispiel am Strebepfeiler rechts des Südportals der Stadtkirche von Volkmarsen in Hessen (s. Abb. 1) leicht zu erkennen ist. Der Schweinskopf mit der langen Zunge wurde in die Oberfläche des Sandsteinquaders eingeritzt, als dieser frisch aus dem Steinbruch kam und noch naß und damit weich war.

Im Laufe der Zeit trocknet der Stein am Bau völlig aus, transportiert dabei mineralische Substanzen an die Oberfläche, die dort zu einer harten Sinterhaut verkieseln. Sie schützt den im Inneren weicheren Stein vor Verwitterung, weshalb man sie auch nie durch Abstrahlen oder Absäuern entfernen darf, nur um wieder eine saubere, hellere Oberfläche zu erhalten. Ritzt man in diesen im Laufe der Jahrhunderte abgehärteten Stein nachträglich etwas ein, in unserem Beispiel das Monogramm AM, wird die Zeichnung durch das teilweise Ausbrechen der Ränder gröber aus-

Abb. 1: Steinmetzzeichen und spätere Einritzung eines Monogramms an der Stadtkirche in Volkmarsen/ Hessen.

fallen, abgesehen davon, daß der geübte Steinmetz natürlich feiner arbeitet als der Laie.

Was mag nun der Schweinskopf in Volkmarsen bedeuten? Es handelt sich um ein Steinmetzzeichen, hier um ein besonders originelles, das vielleicht von einem Meister stammt. Die der Gesellen sind einfacher und finden sich mehrfach an einem Bauwerk. Jeder Steinmetz wählte sich ein Zeichen, um die von ihm bearbeiteten Steine zu kennzeichnen, denn danach erfolgte die Abrechnung. Jeder Quaderstein hat ein Steinmetzzeichen – da er jedoch sechs Seiten hat, von denen fünf nach

Abb. 2:
Steinmetzzeichen
aus der Zeit der
Romanik am
Dom von Gurk/
Österreich.

Abb. 3:
Initial und
Wellenband am
Langhaus des
Domes in Worms/
Rheinland-Pfalz.

Abb. 4:
Steinmetzzeichen
aus senkrechten
und waagerech-
ten Strichen.

Abb. 5 (rechts):
Schlüsselzeichen
an einer Blend-
arkade am
Wormser Dom.

dem Versetzen verdeckt sind, ist nur ungefähr ein Sechstel sichtbar.

Bereits die Römer kannten Steinmetzzeichen. So sind die mächtigen Quadersteine an der Basis des jüngst in Wiesbaden-Mainz-Kastell ausgegrabenen Ehrenbogens für Germanicus mit der Kennzahl der in Mainz stationierten römischen Legion versehen, die die Steine in der Pfalz gebrochen hatte und damit verhindern wollte, daß eine andere Legion sie für ihre Zwecke abtransportierte.

In der deutschen Baukunst kommen Steinmetzzeichen von der zweiten Hälfte des 12. Jahrhunderts bis in das 17. Jahrhundert vor. Wer bei dem Besuch einer mittelalterlichen Kirche oder eines anderen aus sorgfältig behauenen Quadern errichteten Bauwerks – zum Beispiel einer Burg oder eines städtischen Steinhauses – genau hinsieht, wird sie entdecken. Die Steinmetzzeichen aus der romanischen Bauepoche sind meist sehr originell, wie die hier abgebildeten Beispiele von den Domen in Gurk (s. Abb. 2) und Worms zeigen. An der Nordseite des Langhauses in Worms (s. Abb. 3) findet sich mehrfach ein großes A, weiterhin aber auch eigenartige Wellenbänder. Ein anderer Steinmetz (s. Abb. 4) ordnete vier waagerechte Striche um einen senkrechten; an einer Blendarkade zwischen Chor und ehemaliger Klausur findet sich ein Schlüssel (s. Abb. 5). In der Hoch- und Spätgotik wurden die Steinmetzeichen nach einem festen Schema aus Kreuzen, Winkeln und pfeilspitzenartigen Endungen zusammengesetzt, wie hier an der Brückenkapelle von Creuzburg (s. Abb. 6) in Thüringen aus dem Jahr 1499.

Unter den zahlreichen Leserzuschriften war ein Hinweis von Herrn Heinz Finkener auf die Zeichen am Südwestpfeiler der Stiftskirche von Enger besonders interessant. Es handelt sich bei diesen nicht nur um Steinmetzeichen zur Kennzeichnung geleisteter Arbeit, sondern zugleich um Versatzzeichen. Diese – äußerlich

Abb. 6: Steinmetzzeichen aus der Spätgotik an der Brückenkapelle in Creuzburg/Thüringen.

den üblichen Steinmetzeichen gleichend – sind so angebracht, daß die in der Hütte vorgearbeiteten Quader des Pfeilers genau zusammenpassen, wenn man sie so anordnet, daß zwei gleiche Zeichen nebeneinander stehen (s. Abb. 7).

Im Backsteinbau braucht man natürlich keine Steinmetzeichen für die Abrechnung. Doch verewigte sich Meister Hans Martens mit einer aufgemalten Signatur in der Form eines

Abb. 7: Steinmetz- und Versatzzeichen an der Stiftskirche in Enger/ Niedersachsen, Zeichnung von Heinz Finkener.

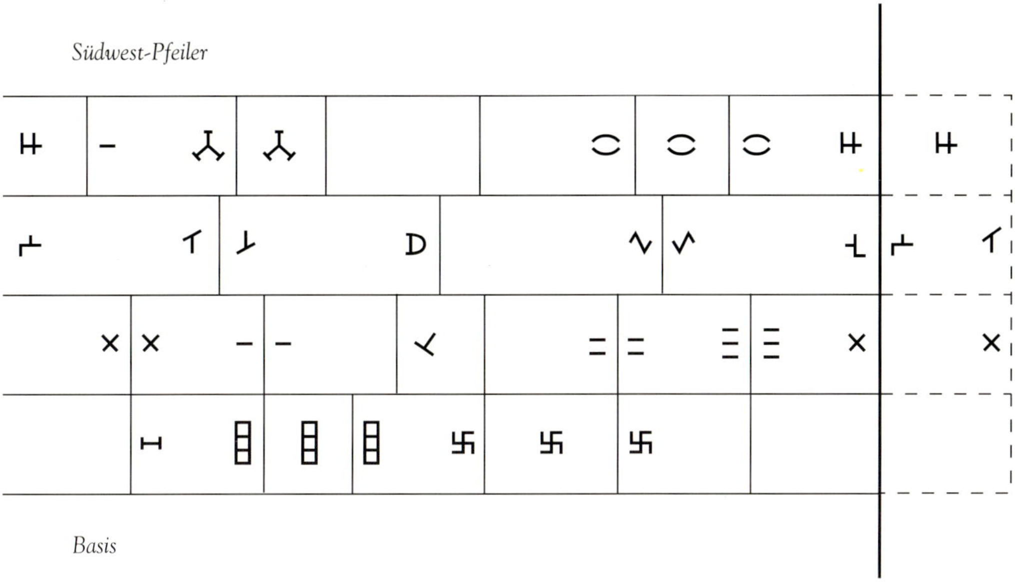

Südwest-Pfeiler

Basis

Abb. 8:
Signatur in Form
eines Steinmetz-
zeichens in der
Georgenkirche
in Wismar/
Mecklenburg-
Vorpommern.

Steinmetzzeichens an einer Langhaus-
arkade der Georgenkirche von Wismar
(s. Abb. 8). An Bauten, die überhaupt
keine Steinmetzzeichen aufweisen,
wurde wahrscheinlich pauschal im
Tagelohn und nicht nach Stückzahl
bezahlt. Zur Kontrolle über die gear-
beiteten Tage legte der Polier zwei
gleichartige Hölzer nebeneinander, in
die er für jeden Tag mit dem Messer
eine Kerbe schnitt. Das eine Holz behielt er, das andere bekam der Stein-
metzgeselle – durch diesen einfachen
Vorgang konnte keiner den anderen
betrügen. Kerbhölzer konnten aber
nicht nur Leistungen, sondern auch
Schulden aller Art verzeichnen. Aus
ihrer negativen Bedeutung entwickelte sich die Redewendung „Der hat aber
ganz schön etwas auf dem Kerbholz!".

Über die Höhe der Bezahlung pro
Werkstück geben die Wochenrech-
nungen des Prager Domes von 1373
genaue Auskunft, zum Beispiel: „An
Maysner einen Kragstein zu 8 Groschen bezahlt, Wenzel ebenfalls einen
Stein zu 8 Groschen bezahlt, ferner
dem Welco von Zehrovicz für drei große Steine 22 Groschen bezahlt." Ein

Prager Groschen entsprach 12 Pfen-
nigen. Über die Kaufkraft und damit
die Höhe des Verdienstes sagt uns dies
nichts. Doch wissen wir aus England
und Frankreich, daß Steinmetzen für
ihre Ernährung etwa ein Drittel ihres
Lohnes aufwenden mußten, die übrige
arbeitende Bevölkerung dagegen zwei
Drittel.

Kathedralen wurden keineswegs
für einen Gotteslohn durch Gläubige
erbaut, sondern von gut verdienenden
Fachkräften. Das langsame Bautempo
über viele Generationen hinweg wurde eben auch von den hohen Baukos-
ten bestimmt. Beim Apollotempel
von Didyma südlich von Milet sind die
Abrechnungen zum Teil in Marmor
geritzt und dadurch überliefert worden.
Für eine einzige der geplanten 122
Säulen mit einer Höhe von 19,7 Metern bezahlte man 40.000 Drachmen
Lohn, das sind etwa 26.000 Tages-
löhne zu den damals üblichen 1-2
Drachmen. Ein Bauarbeiter kostet
heute an jedem Arbeitstag von 8 Stunden etwa 500 Mark – das heißt, jede
Säule von Didyma würde heute 13
Millionen Mark kosten, für alle 122
wären 1.586 Millionen aufzuwenden
gewesen. Kein Wunder, daß der Apollotempel von Didyma trotz einer
Bauzeit von 600 Jahren nie vollendet
wurde.

Ähnlich ging es vielen mittelalterlichen Kathedralen, so z. B. der von
Beauvais, dem Kölner Dom oder der
Georgenkirche in Wismar. Deren Bau-
kosten würden heute ein Vielfaches
von den uns schon sehr hoch erschei-
nenden Wiederaufbaukosten betragen
und wären nicht mehr zu finanzieren,
woraus man ersieht, daß unsere Bau-
denkmäler auch in ihrem materiellen
Wert unersetzbar sind.

Was Backsteine verraten

Aus Lehm geformte und gebrannte Steine werden je nach landschaftlicher Tradition ‚Ziegel' oder ‚Backsteine' genannt. Bereits bei den Sumerern im 4. Jahrtausend v. Chr. bekannt, wurde die Backsteinbaukunst nördlich der Alpen von den Römern angewandt. Danach geriet sie weitgehend in Vergessenheit. Erst um die Mitte des 12. Jahrhunderts kam es in Deutschland zu einer Neuentwicklung der Kunst des Ziegelbrennens, vor allem im nord- und ostdeutschen Küstenraum, wo Naturstein kaum vorkommt.

Die ältesten Backsteinbauten findet man in Verden an der Aller, wo in der Zeit um 1150 unter Bischof Hermann (1148-76) die Domtürme, die Johannes- und die Andreaskirche in Backstein erbaut wurden. An der Ostapsis der romanischen Andreaskirche sind die Backsteine noch sehr flach (6,5-7 cm) und an der Oberfläche geriefelt (s. Abb. 1). Für diese Riefen, die bei nahezu allen frühen Backsteinbauten aus der zweiten Hälfte des 12. Jahrhunderts auftreten, gibt es mehrere Theorien.

Die erste besagt, es handele sich um Spuren vom Zuschneiden der Grünlinge aus dem Lehmblock, welches mit einem dünnen Strick oder Draht erfolgt sein soll. Dagegen ist einzuwenden, daß die Riefen gelegentlich auch in gegenläufig doppelter, fischgrätenartiger Form vorkommen, so bei den Kryptenfenstern der Klosterkirche von Jerichow, erbaut ab 1148 (s. Abb. 2).

Abb. 1:
Geriefeltes Backsteinmauerwerk der Andreaskirche in Verden an der Aller/ Niedersachsen.

Abb. 2:
Fischgrätenartige Riefen im Mauerwerk der Klosterkirche in Jerichow/Sachsen-Anhalt.

Nach einer zweiten Theorie soll es sich um den Versuch handeln, die Backsteine in der Oberfläche den Hausteinquadern anzugleichen, die durch die Glättung mit der Fläche (eine besondere Art der Steinaxt) eine ähnliche Struktur aufweisen. Dafür spricht, daß der sorgfältig geglättete Hausteinquader in der Hierarchie des mittelalterlichen Baumaterials den höchsten Rang einnahm und der neu eingeführte Backstein sich zunächst nur mit einem dem Naturstein nahekommenden Erscheinungsbild durchsetzen konnte.

In diese Richtung zielt auch eine dritte Theorie, die die Riefen als besseren Haftgrund für das Aufbringen einer Tünche zur Bemalung der Außenwände von Backsteinbauten deutet. In der Tat fand man schon zu Beginn des 20. Jahrhunderts an der Zisterzienserkirche Doberlug (Niederlausitz) auf Teilen der bis dahin zugebauten äußeren Backsteinwand eine weiße Tünche mit aufgemalten roten Fugen. Die zweite und dritte Theorie könnten sich ergänzen, da mittelalterliche Tünchen so dünn waren, daß sich Bearbeitungsspuren wie die Riefen darunter abzeichneten.

Bei der ersten Theorie ist wohl nur richtig, daß die frühen Backsteine aus der zweiten Hälfte des 12. Jahrhunderts noch keine Formsteine waren, sondern aus einem gleichmäßig ausgerollten Lehmkuchen herausgeschnitten worden sind, so wie dies die Hausfrau mit dem Blechkuchen tut. Beim romanischen Rundbogenportal im

Abb. 3:
Unregelmäßig dicke Keilsteine im Rundbogenportal der Klosterkirche in Jerichow.

Kreuzgang der Klosterkirche von Jerichow (s. Abb. 3) läßt sich an der un-
terschiedlichen Dicke der Keilsteine
erkennen, daß diese noch nicht in eine
einheitlich große Form gestrichen, sondern einzeln aus dem Lehm geformt
(Grünling), dann getrocknet (Roh-
ling) und schließlich zum Backstein
gebrannt worden sind. In der Zeit um
1200 rationalisierte man diese um-
ständliche Methode durch die Einführung von Backsteinformen, in die der
Lehm mit einem Holz hineingestri-
chen wurde. Zunächst verwandte man
nur einfache Rechteckformen (s. Abb.
4), in die jedoch bald Holzprofile ein-
geleimt wurden (s. Abb. 5), um so
Formsteine für die immer reicher werdenden architektonischen Details wie
Rippen, Portal- und Fensterlaibungen,
Sockel und Kapitelle herstellen zu
können.

Der Baumeister einer Backsteinkirche war auf die Formsteine der Ziegelei
angewiesen, von der er sein Baumate-
rial bezog. Der Stolz der Ziegelbrenner
äußert sich in den Ziegelzeichen, die
man bei intensivem Suchen auf den
Backsteinen findet, z. B. auf den Formsteinen im Westportal der Georgenkirche in Wismar (s. Abb. 6).

Eine nochmalige Qualitätssteige-
rung und Bereicherung erfuhr die
Backsteinbaukunst mit der Einführung
glasierter Steine, die insbesondere für
ornamentale oder figürliche Reliefs
verwendet wurden. Dabei mischte man
die jeweils nach einem Model geformten Elemente so geschickt, daß ihre
ständige Wiederkehr in Friesen dennoch nicht monoton wirkt, wie das
Beispiel von St. Georgen in Wismar
mit dem Wechsel von Löwen mit Dra-
chen und Fratzenköpfen (s. Abb. 7)
zeigt.

*Georgenkirche
in Wismar/
Mecklenburg-
Vorpommern.*

*Abb. 4:
Einfache Back-
steinform aus
Holz.*

*Abb. 5:
Formsteinrahmen
mit eingeleim-
tem Profil.*

37

Abb. 6:
Ziegelzeichen am
Westportal der
Georgenkirche in
Wismar/
Mecklenburg-
Vorpommern.

Abb. 7:
Fries aus glasier-
ten Formsteinen
an der Wismarer
Georgenkirche.

Die Entwicklung der Backstein-
technik vollzog sich in Nord- und Ost-
deutschland in drei Phasen, die sich an
Details erkennen lassen: In der ersten
Phase von etwa 1150-1200 waren noch
umgeschulte Steinmetze tätig, die mit
Hilfe der Riefen die Oberfläche von
Natursteinquadern nachbildeten. In
der zweiten Phase von 1200 bis etwa
1350 dominierten die Ziegelbrenner
mit ihren Formsteinen, was an den
Ziegelzeichen abgelesen werden kann,
und in der dritten Phase ab 1350
kamen die Tonbildhauer und ihre gla-
sierten Terrakotta-Reliefs hinzu.

Wer romanische oder gotische
Backsteinbauten nicht nur als große,
meist wenig gegliederte Baumasse be-
trachtet, sondern genauer hinschaut,
wird viele lebendige Spuren mittelalterlicher Handwerkskunst entdecken.

Was man in der Architektur unter Bossen versteht

Nordwestlich von Hannover liegt das Städtchen Wunstorf, unter Bauforschern bekannt für seine Stiftskirche, eine stattliche romanische Basilika, bei der im sogenannten ‚Niedersächsischen Stützenwechsel' auf je zwei Säulen ein Pfeiler folgt. An diesen Säulen nun bemerkt man im oberen Teil klötzchenartige Verdickungen (s. Abb. 1), sie wurden vom mittelalterlichen Steinmetz stehengelassen, um das Abrutschen der Seile von den nach oben schlanker werdenden Säulen bei deren Aufrichten zu verhindern. Man nennt derartige Rohformen ‚Bossen'. Sie hätten eigentlich nach dem Versetzen der Säulen abgemeißelt werden müssen, damit sich der Schaft mit seiner ‚Entasis' genannten Schwellung in reiner Schönheit hätte präsentieren können. Warum dies unterblieb, kann nur vermutet werden. Vielleicht wurde bei der bereits belasteten und damit unter Spannung stehenden Säule das Abmeißeln nicht gewagt, weil die Gefahr des Abplatzens größerer Teile bestand, so wie dies an der vorderen Säule im nördlichen Seitenschiff (s. Abb. 2) zu erkennen ist.

Für die Herstellung bildhauerischen Schmucks hatten die mittelalterlichen Bauhütten zwei Möglichkeiten: Er konnte zum einen am Boden, in bequemer Arbeitsposition – vor der Witterung durch ein Dach geschützt – sorgfältig bis in das letzte Detail ausgearbeitet und dann erst an seinen Bestimmungsort versetzt werden. Ein

Abb. 1:
Bosse an einer Säule der Stiftskirche in Wunstorf/ Niedersachsen.

Abb. 2:
Durch Abmeißeln einer Bosse beschädigte Säule im Seitenschiff der Stiftskirche.

39

Abb. 3 (links):
Steinmetzarbeiten
an einer Rohform
im Wiener
Stephansdom.

Abb. 4 (rechts):
Bossen an einem
Strebepfeiler
des Domes in
Nordhausen/
Thüringen.

Abb. 5:
Nicht ausgearbei-
tetes Kapitell
(links) an der
Klosterkirche in
Ilbenstadt/Hessen.

Nachteil dieser Methode war die Gefahr einer Beschädigung des empfindlichen Figuren- oder Laubwerkschmucks beim Heraufziehen. Auch war es bei rasch fortschreitendem Bauvorgang für die Steinbildhauer nicht immer möglich, bei ihren zeitraubenden Feinarbeiten mit dem Tempo der Maurer Schritt zu halten.

Deshalb bot sich eine zweite Methode an: Das Versetzen der Steinblöcke als Bosse, das heißt, als halbfertige Rohform. Erst nach dem Versetzen wurde dann die eigentliche Steinmetzarbeit ausgeführt (s. Abb. 3). Damit waren zwar die Gefahren des Versetzens nach Fertigstellung am Boden vermieden, man mußte aber das wesentlich unbequemere Arbeiten vom Gerüst aus in Kauf nehmen.

Häufig unterblieb das Ausarbeiten der Bossen, und sie blieben im Rohzustand stehen, ohne zu verraten, was aus ihnen herausgearbeitet werden sollte. An der Nordost-Ecke des Domes in Nordhausen ragen aus einem Strebepfeiler zwei derartige Bossen (s. Abb. 4) heraus, die vielleicht zum Sockel und zum bekrönenden Baldachin für eine Statuette ausgearbeitet werden sollten, was dann wohl aus Geldmangel unterblieb.

Ungewöhnlich viele Bossen finden sich an der romanischen Prämonstratenser-Klosterkirche in Ilbenstadt (Hessen, Wetteraukreis), z. B. am Bogen der Westvorhalle (s. Abb. 5). Dort sind das rechte und das mittlere Kapitell fertig ausgearbeitet, das linke dagegen steht als Bosse. Hier läßt sich das auffallend häufige Vorkommen von Bossen durch das Versiegen der Geldmittel nach dem Tode des Stifters Gottfried von Cappenberg erklären, das die vermutlich aus Südfrankreich kommenden Steinmetzen zum Weiterwandern zu einer anderen Baustelle veranlaßte. Geldmangel mag auch beim Bürgerhaus neben dem Rathaus von Rudolstadt, Thüringen (s. Abb. 6) der Grund gewesen sein, die gesamte Renaissance-Ornamentik wie die stützenden Voluten und die Reliefs der kreisförmigen Bildfelder, der sogenannten ‚Tondi‘, nicht auszuführen.

In unserem Jahrhundert greift man ebenfalls mit Absicht immer dann zur Bosse, wenn beim beschädigten Teil eines historischen Bauwerks keine ausreichende Dokumentation über die originale Gestalt vorliegt. Ein anschauliches Beispiel dafür ist das Portal im nördlichen Seitenschiff der Münchener Frauenkirche (s. Abb. 7). Da jedes mittelalterliche Werkstück ein Unikat ist, wollte man nicht das fehlende Kapitell durch eine Kopie des erhaltenen ersetzen, andererseits auch keine neue Form erfinden. So behalf man sich mit der Bosse, die in der Architekturgeschichte häufiger als vermutet und aus den unterschiedlichsten Gründen anzutreffen ist. Doch Vorsicht bei Studienreisen zu englischen Kathedralen: Hier bedeutet, the bosse‘: der Schlußstein.

Abb. 6:
Rohformen von Voluten und Tondi am Bürgerhaus in Rudolstadt/Thüringen.

Abb. 7:
Bosse an einem Portal der Münchener Frauenkirche.

Die Bundzeichen der Zimmerleute

Abb. 1:
Römische Ziffern
an einem Haus
in der Rothen-
burger Straße in
Melsungen/
Hessen.

Inschriften auf Fachwerkbalken sind allen vertraut. Sie nennen meist das Erbauer-Ehepaar und das Errichtungsdatum, manchmal auch den Zimmermeister, hinzu kommt ein Bibelspruch oder eine allgemeine Lebensweisheit. Bei intensivem Hinschauen entdeckt man vornehmlich an den Fußpunkten der Ständer (senkrechte Hölzer) sowie an den Enden der Riegel (waagerechte Hölzer) und Streben (schräg angeordnete Hölzer) aber auch einzelne Zeichen, die nicht zu einer Inschrift gehören. Bei dem Beispiel aus der Rothenburger Straße in Melsungen (s. Abb. 1) sind es römische Ziffern, rechts eine VII, links eine VIII. Das Zeichen auf der Strebe war wohl ebenfalls eine VII, wurde aber beim teilweisen Ersatz der Schwelle beschädigt.

Abb. 2:
Restauriertes
Fachwerk des
Waidspeichers
auf dem Hof
‚Güldener Krö-
henbacken‘ in
Erfurt/Thüringen.

Am Waidspeicher auf dem Hof des ‚Güldenen Kröhenbacken' in der Michaelisstraße von Erfurt (s. Abb. 2) – jüngst außen und innen vorbildlich restauriert – kann man nicht römische Ziffern, sondern eingeschlagene Punkte sehen. Auf einem Ständer sind es drei (s. Abb. 3), auf dem nächsten (s. Abb. 4) vier Punkte. Sie finden sich auch auf den Riegeln und Streben, und es wird dem Betrachter klar, daß sie Teile bezeichnen, die zusammengehören: Es handelt sich um sogenannte Bundzeichen.

Mit Bund und Abbund bezeichnet man das Bearbeiten und Verzimmern von Fachwerkwänden auf dem Zimmerplatz. Dazu schuf man eine ebene, geglättete Fläche, auf die man von einem kleineren Entwurf im Maßstab 1:10 oder 1:20 das Fachwerk in der natürlichen Größe 1:1 mit Hilfe von Ritzlinien übertrug. Sie dienten als Anhaltspunkt für das Zuschneiden der Eichenstämme, die zuvor mit der Axt oder Säge zu Hölzern mit einem rechteckigen Querschnitt verarbeitet wurden. Zugleich wurden die Holzverbindungen ausgearbeitet. Übrigens war man nicht so dumm, Eisennägel für Fachwerkwände zu verwenden, denn in einer Zeit, in der handwerkliche Meisterschaft in hohem Maße auf Erfahrung beruhte, wußte man, daß dies zu Schwitzwasserbildung am stets kälteren Nagel und damit zu dessen Verrosten und zur Fäulnis des angrenzenden Holzes führen würde.

Nachdem die Hölzer paßgerecht bearbeitet worden waren, wurden sie auf dem Zimmerplatz probeweise zusammengefügt. Der Graphiker Jost Ammann hat uns in seinem Ständebuch von 1568 (s. Abb. 5) die Arbeit auf einem Zimmerplatz anschaulich

Abb. 3:
In Ständer und Riegel eingeschlagene Punkte.

Abb. 4 (mitte):
Bundzeichen aus vier Punkten in Ständer, Strebe und Riegel.

Abb. 5:
Arbeit auf dem Zimmerplatz in einer Graphik von Jost Ammann von 1568.

43

Abb. 6:
Ständerbauweise
neben Rähmbau-
weise am Markt
in Marburg/
Hessen.

cher in Erfurt – durch Beizeichen, die dazu dienten, die verschiedenen Wände voneinander zu unterscheiden. In unserem Fall ist es für die Hauptwand zum Hof hin ein X, das neben allen tief eingekerbten Bundzeichen etwas schwächer eingeschlagen ist.

Etwa zur gleichen Zeit, in der Zapfenverbindungen die ältere Form der Blattverbindungen zunehmend verdrängten, vollzog sich der Übergang von der mittelalterlichen Ständerbauweise zur neuzeitlichen Rähmbauweise. Am Markt in Marburg (s. Abb. 6) grenzen beide Fachwerkbauweisen aneinander: Rechts im Bild, mit schwarzgestrichenen Balken, sieht man einen sogenannten ‚Ständerbau‘, bei dem die Ständer durch alle Geschosse ungeteilt durchgehen. Es ist dies die erste, mehrgeschossige Bauweise, in Beispielen etwa von der Mitte des 13. Jahrhunderts an überliefert, als man mehr Platz in den rasch wachsenden Handelsstädten brauchte. Doch benötigte man hierfür besonders lange und gerade gewachsene Eichenstämme, die gegen Ende des Mittelalters mit seinem enormen Holzverbrauch – zum Beispiel für die riesigen Dächer der Kirchen – immer schwerer und kostspieliger zu beschaffen waren. Deshalb entwickelte man die sogenannte Rähmbauweise, bei dem im Bild linken, ochsenblutfarben gestrichenen Fachwerkbau angewendet. Dabei wurde jedes Geschoß einzeln nacheinander aufgerichtet, die Ständer haben deshalb auch nur die Höhe eines Geschosses. Sie werden oben durch das horizontal aufgelegte ‚Rähm‘ zusammengehalten, auf dem die Deckenbalken liegen, auf deren vorkragenden Balkenköpfen wiederum die Schwelle des nächsten Geschosses ruht.

überliefert. Sie hat sich für das Zimmerhandwerk in der Denkmalpflege bis heute kaum geändert. Gerade dieser Berufsstand zeichnet sich in besonderer Weise durch die Traditionspflege aus, bis hin zur Wanderschaft der Gesellen in zünftiger Kluft mit schwarzer Kordhose, gleichartiger Weste mit acht Perlmuttknöpfen, weißem Hemd und breitkrempigem Schlapphut, dazu der knorrige Wanderstab. Der sorgfältige Abbund auf dem Zimmerplatz war unverzichtbar, denn beim mühsamen endgültigen Aufrichten mußten alle Teile exakt passen, nachträgliche Korrekturen wären nur schwierig durchzuführen gewesen. Um genau zu wissen, welche Teile beim Aufschlagen des Fachwerks zusammengehören, schlug man die Bundzeichen in die Ständer, Riegel und Streben ein. Man ergänzte sie manchmal – wie beim Waidspei-

Nur wer genau hinsieht, erkennt noch die Gefache

Fachwerk war vom Mittelalter bis zum 18. Jahrhundert ein beliebter und preiswerter Baustoff überall da, wo Holz aus nahen Wäldern zu beschaffen war. Dabei wurden die Hölzer grundsätzlich sichtbar gelassen und nur die Ausfachungen verputzt. In Fachwerk erbaute man nicht nur Bürgerhäuser, sondern auch Rathäuser, Wohnbauten adeliger Burgherren, Hospitalkapellen und nach der Reformation auch evangelische Kirchen.

Das hohe Ansehen das Fachwerks endete im 18. Jahrhundert, nachdem der prachtliebende französische Sonnenkönig Ludwig XIV. seine Barockstädte und Schlösser ausschließlich in Massivbauweise errichtet hatte. Viele absolutistische Fürsten der zahlreichen deutschen Kleinstaaten wollten kleine Sonnenkönige sein und schämten sich ihrer Fachwerkstädte. Deshalb erließen sie Verordnungen, nach denen vorhandenes Sichtfachwerk überputzt werden mußte – angeblich, um die Brandgefahr zu reduzieren. Da man aus Kostengründen nicht auf die Fachwerkbauweise verzichten wollte, wurden diese Häuser von Anfang an für den Verputz vorgesehen, um Massivbauten vorzutäuschen. Sie sind meist mit den billigeren, auch dünneren Nadelhölzern konstruiert, ohne Vorkragungen und mit unregelmäßiger Anordnung von senkrechten Ständern, waagerechten Riegeln und Schrägstreben. In diesem Fall sprechen wir von rein konstruktivem Fachwerk im Unterschied zum Sichtfachwerk.

Das Haus Lange Gasse 26a in Quedlinburg (s. Abb. 1) war von vornherein für den völligen Verputz vorgesehen. Es entstand um die Mitte des 18. Jahrhunderts und wirkt auf den ersten Blick wie ein verputzter Steinbau. Daß dies aber nicht der Fall ist, er-

Abb. 1:
Verputztes Fachwerk in der Langen Gasse in Quedlinburg/ Sachsen-Anhalt.

Abb. 2 (oben): Nachträglich verputztes Sicht-fachwerk des Hauses Pölle 24.

Abb. 3 (unten): Vorkragung des Fachwerkhauses in der Breiten Straße 45.

mit einem profilierten Brettergesims überdeckt ist. Bei Freilegung dieses rein konstruktiven Fachwerks käme nur ein kläglich dünnes und unregelmäßiges Holzgefüge zum Vorschein, in dem die großen barocken Ohrenfenster, das Portal und das rundbogige Schaufenster beziehungslos schwimmen würden.

Ganz anders liegt der Fall beim Haus Pölle 24 in Quedlinburg (s. Abb. 2). Auch hier erkennt man die Lage der Fachwerkhölzer an den Verfärbungen und Rissen im Putz. Doch weisen die kräftige Vorkragung des Obergeschosses, die sehr viel höheren Brüstungsfelder unterhalb des Fensterbandes und dessen geringere Höhe darauf hin, daß wir es mit einem nachträglich verputzten Sichtfachwerk zu tun haben. In der rechten Hälfte ist das Schnitzwerk der Vorkragung verbrettert, wohl um den Farbanstrich zu erleichtern. Links dagegen sieht man noch die mit kleinen Rosetten verzierten Balkenköpfe, die sie tragenden Konsolen und die zwischen diesen angeordneten Füllhölzer in Form von sogenannten ,Schiffskehlen'.

Freigelegt und restauriert könnte die Vorkragung ein ähnliches Aussehen haben wie beim Haus Breite Straße 45 in Quedlinburg (s. Abb. 3), erbaut am Ende des 16. Jahrhunderts. Auch dieses Haus war wohl im Barock nachträglich verputzt worden. Dabei vergrößerte man die Fenster, indem man deren Brustriegel um eine Holzstärke nach unten verschob, was noch auf den Ständern erkennbar ist. Mit Brustriegel wird das Holz unterhalb der Fensterbank bezeichnet, auf das man sich lehnt, wenn man aus dem Fenster schaut. Durch die Vergrößerung der Fenster und den Ersatz der alten Aus-

kennt man an den bündig mit der Oberfläche sitzenden Fenstern, woraus auf eine geringe Wandstärke zu schließen ist. Auch zeichnen sich durch Verfärbungen und Risse im Putz des Obergeschosses deutlich die darunter liegenden Hölzer der Ständer ab. Die Risse entstehen, weil Putz und Holz unterschiedlich auf Temperaturschwankungen reagieren und deshalb dazu neigen, sich voneinander abzusetzen.

Daß es sich um kein Sichtfachwerk handelt, zeigt sich an den dafür zu großen Fenstern und der fehlenden Vorkragung des Obergeschosses, dessen waagerechtes Schwellholz lediglich fachung in Lehmstakungen durch Backsteine wurden die geschnitzten Fächerrosetten teilweise zerstört.

Bis in die zwanziger Jahre unseres Jahrhunderts waren die Bürgerhäuser vieler deutscher Fachwerkstädte völlig verputzt. Erst dann wurden nach und nach – bis heute andauernd – Fachwerke freigelegt. Wie lohnend die Beseitigung des nachträglich aufgebrachten Putzes auf Sichtfachwerk sein kann, erkennt man in Limburg beim sogenannten Haus Trombetta in der Frankfurter Straße. Bis 1967 bot es den unscheinbaren Anblick eines reinen Putzbaues (s. Abb. 4). Das Datum 1769 auf dem Torbogen neben der rechten Hausecke gibt den Zeitpunkt der massiven Erneuerung des Erdgeschosses mit rundbogigen Fenstern

und Türen sowie der nachträglichen Aufbringung des Putzes an. Nach der Freilegung zeigt sich das Sichtfachwerk mit seiner rekonstruierten Farbigkeit in seiner ganzen Schönheit und Vielfalt der Schmuckformen (s. Abb. 5). Die jetzt sichtbaren Hackspuren auf den Fachwerkhölzern sind ein weiteres Indiz dafür, daß der Putz nachträglich aufgebracht wurde, denn sie sollten ihm die erforderliche Haftung verschaffen.

Auch in manchen Dörfern setzte von der Mitte des 18. Jahrhunderts an eine Welle von nachträglichem Verputzen von Fachwerkbauten ein. In traditionellen Fachwerkdörfern wurde sogar im 18. und frühen 19. Jahrhundert weiter in Sichtfachwerkbauweise gebaut, in den Städten erst wieder seit

Abb. 4 (links): Verputztes Fachwerkhaus Trombetta in Limburg/ Hessen, 1967.

Abb. 5 (rechts): Haus Trombetta heute, mit freigelegtem Sichtfachwerk.

Abb. 6:
Fachwerkbau aus
der Zeit des Historismus in der
Wettergasse in
Marburg/Hessen.

dem letzten Viertel des 19. Jahrhunderts. Der bedeutende neugotische Architekt Karl Schäfer schuf 1899 in der Wettergasse von Marburg (s. Abb. 6) ein sehr stattliches Haus aus Sicht-fachwerk, das sich durch die überreiche Verwendung von Konstruktions- und Schmuckformen unterschiedlicher Stil-phasen als Zeugnis des Historismus zu erkennen gibt.

Woran man Umbauten
erkennen kann

Heute entstehen Gebäude, Straßen und Plätze meistens innerhalb von nur wenigen Jahren und bringen einheitlich das Stilempfinden ihrer Entstehungszeit zum Ausdruck. Denkmale aus früherer Zeit – zumal wenn es sich um so prestigeträchtige Bauten wie Kirchen, Schlösser und Burgen handelt – sind dagegen oft in einem langen Prozeß entstanden, der tiefgreifende wirtschaftliche und politische Veränderungen überdauert haben mag und auch durch sich wandelnde Geschmacksvorstellungen geprägt war. Umbauten und Veränderungen standen deshalb häufig auf dem Programm der Baumeister. Dabei bemühten sie sich jedoch, soviel wie möglich von der ursprünglichen Bausubstanz zu bewahren – davon erzählen uns heute noch Mauerfugen und Dachkonstruktionen oder auch die Zinnen einer mittelalterlichen Burg.

Ein neues Dach auf altem Giebel

Baufugen als Indizien für Planänderungen

Vielleicht ist einigen besonders aufmerksamen Lesern des vorigen Kapitels am Westgiebel der Klosterkirche von Haina neben den verschmierten Löchern der Steinzange auch jene schräge Mauerfuge aufgefallen, die ebenfalls auf beiden Seiten des großen mittleren Westfensters zu sehen ist (s. Abb. 1).

Normalerweise werden Natursteinquader in gleich hohen Lagen vermauert, so daß sich eine durchgehende Horizontalfuge ergibt. Das ist bis zum Bogenansatz des Maßwerkfensters durchweg auch hier der Fall, dann aber verspringen die Fugen gegeneinander und es ergibt sich beiderseits des Fensters je eine Schräge, beziehungsweise eine abgetreppt schräg nach oben verlaufende Linie.

Das Bild mit der Gesamtansicht der Westfassade (s. Abb. 2) läßt erkennen, daß die Linien von den mittleren Strebepfeilern ausgehen und sich unterhalb der heutigen Giebelspitze treffen. Da sich kein Steinmetz je die Arbeit machen würde, Steine so mit einer Schräge zu behauen, daß sie ein Dreieck ohne Funktion bilden, muß es sich um die Spur einer Planänderung handeln.

Offensichtlich ist die schräg verlaufende Baufuge als Begrenzungslinie eines ursprünglich schmaler und damit niedriger geplanten Giebeldreiecks zu deuten, das den westlichen Abschluß eines lediglich über dem Mittelschiff der Hallenkirche aufgebrachten Satteldaches bilden sollte. Die bei einer Hallenkirche gleich hohen, bei Bauten der Marburger Bauschule aber nur halb so breiten Seitenschiffe sollten wohl nach dem Vorbild der Elisabethkirche in Marburg (s. Abb. 3) querstehende Walmdächer erhalten, die mit ihren Firsten in die Schrägflächen des höheren Mittelschiffdaches hineinlaufen.

Es muß also in Haina zu einer Planänderung gekommen sein, mit welcher man von der komplizierten, bei starken Schneelasten sehr anfälligen Dach-

Abb. 2:
Gesamtansicht
der Westfassade.

form zu einem einzigen großen Dach über allen drei Schiffen gelangen wollte. Dies ist die ‚moderne', bereits in die Spätgotik weisende Dachform für Hallenkirchen, wie sie zum Beispiel bei den beiden Kirchen in Korbach, der Stadtkirche in Homberg (Efze) und der Altstädter Kirche in Eschwege – alles Bauten des 15. Jahrhunderts – vorkommt. Ob die Planänderung noch vor Fertigstellung der Kirche anläßlich der Weihe von 1328 oder erst danach als Folge eines Dachstuhlbrandes umgesetzt wurde, ist schwer zu sagen. Sehr lange nach 1328 kann sie nicht erfolgt sein, denn das Maßwerk der zur Gestaltung des neuen größeren Giebels eingefügten Rosetten entspricht den Stilformen aus der Zeit um 1325 bis 1350.

Abb. 3:
Langhausdach
der Elisabethkir-
che in Marburg/
Hessen.

Abb. 4:
Blick auf die
Elisabethkirche
vom Marburger
Schloß.

Die Stadtkirche St. Marien in Bergen

Von allen deutschen Inseln ist Rügen die vielseitigste. Sie bietet nicht nur herrliche Badestrände, die berühmten Kreidefelsen und eine abwechslungsreiche bergige Landschaft mit Wäldern, Baumgruppen und Alleen, sondern auch eine Reihe interessanter Ortsbilder, Schlösser und Kirchen. Im Mittelpunkt – sowohl geographisch als auch gemessen an ihrem Alter und ihrer Bedeutung – steht die Stadtkirche St. Marien in Bergen. Der Ortsname, 1314 in der lateinischen Bezeichnung ‚villa montis‘ erstmals urkundlich bezeugt, ist berechtigt, denn Stadt und Kirche wurden auf einem Höhenrücken in beherrschender Lage gegründet.

Vor dem Betreten einer Kirche sollte man zuerst einen Rundgang um das Bauwerk machen – man muß ja ohnehin meist den Bau umrunden, in der Hoffnung, daß eine der Türen geöffnet oder wenigstens ein Hinweis zu finden ist, wo man den Kirchenschlüssel erhalten kann. Dabei zeigen sich dem Betrachter auch gleich Spuren verschiedener Bauphasen, die im Inneren nicht unbedingt auffallen.

In Bergen bemerkt man sehr bald, daß die Hauptapsis von St. Marien (s. Abb. 1) unter dem großen Spitzbogenfenster halbrund, oben am Dachgesims aber polygonal gestaltet ist, worauf auch der gebrochene Walm des Chordaches hinweist. Merkwürdig sind auch die dichte Stellung zweier Strebepfeiler an der Südostecke des Chores

sowie die Chorsüdwand und die Ostwand des Querschiffes, die mit einem romanischen Rundbogenfries abschließen. Der auf den ersten Blick einheitlich gotische Kirchenbau enthält demnach größere romanische Teile. Zu diesen gehört die einst halbrunde Apsis, die eine Wandgliederung aus einer schmalen Lisene mit aufgelegten, teilweise abgeschlagenen Runddiensten

Abb. 1:
Die Stadtkirche St. Marien in Bergen auf Rügen/Mecklenburg-Vorpommern.

(s. Abb. 2) besaß, bevor sie in der Gotik polygonal aufgestockt, mit größeren Fenstern und zusätzlichen Strebepfeilern versehen wurde. Der Strebepfeiler im Bild wurde eindeutig nachträglich vor die Rundapsis gesetzt. Das erkennen wir am Verspringen der weißen horizontalen Kalkmörtelfugen – besonders deutlich unterhalb des Sohlbankgesimses. Bei einer einzigen Bauphase würden diese Fugen gerade durchlaufen, was bei späteren Anbauten nicht möglich ist.

Die Ostwand des südlichen Querschiffes (s. Abb. 3) erzählt uns noch mehr über den ersten romanischen Kirchenbau, nämlich, daß er Seitenapsiden an beiden Querschiffarmen besaß. Deutlich lesen wir seine Rundbogenform an der späteren gotischen Ausmauerung der Öffnung mit helleren Backsteinen ab. Darüber setzt eine flache Lisene an, die zur Wandgliederung ausreichte, nicht jedoch zur Wölbung, für die man nachträglich und recht unorganisch den Strebepfeiler in die Ecke zwängte.

Nach der Besichtigung des Äußeren von St. Marien wissen wir bereits, daß in Bergen eine flach in Holzbalken gedeckte romanische Backsteinkirche mit Querschiff, Chorquadrat und drei Apsiden zu einem gewölbten gotischen Raum umgebaut wurde. Jetzt ist unser Blick beim Betreten des Innenraums (s. Abb. 4) so geschärft, daß er sofort an der südlichen Stützenreihe hängen bleibt, wo die quadratischen Pfeiler mit halbrunden Diensten abrupt in achteckige Pfeiler übergehen. Letztere passen sich genau in die Wölbung der gotischen Hallenkirche ein, die unteren und damit älteren Pfeilerstümpfe müssen daher zum ungewölbten romanischen Bau gehören.

Daß dieser romanische Bau eine Basilika war, verraten uns die tiefsitzenden Kapitelle an den Ost- beziehungsweise Westseiten der Pfeiler, die einst zur Aufnahme der verbindenden Arkadenbögen zwischen dem hohen Mittelschiff und den niedrigen Seitenschiffen dienten. Als man die romanische Basilika in eine gotische Hallenkirche umbaute, brach man die Rundbogenarkaden und mit ihnen die Wand darüber heraus, um eine der neuen Höhe des Seitenschiffes entsprechende Öffnung zu erhalten. Deutlich sind noch die Abbruchspuren an der rauhen Oberfläche über dem Kapitell an der Westseite des südöstlichen Vierungspfeilers zu sehen. Daneben kündet der romanische Verbindungsbogen zum Querschiff von der einstigen Höhe des Seitenschiffes. Dies alles kann der Bau selbst erzählen.

Erst dann ist es nötig, die Reiseliteratur zu befragen, um diese Beobachtungen geschichtlich einzuordnen, und man erfährt, daß 1193 in der Nähe der alten Burg auf dem Rugard ein Benediktinerinnenkloster gegründet wurde, das um 1250 die Regeln der Zisterzienser annahm und dessen Kirche erst 1380 der Pfarrgemeinde der inzwischen im Schutz des Klosters aufgeblühten Siedlung diente.

Die romanische basilikale Klosterkirche dürfte bald nach 1193 erbaut worden sein. Da die Hallenkirche im Spätmittelalter die bevorzugte Bauform für Stadtkirchen war, liegt es nahe, den Umbau in eine gewölbte gotische Halle mit dem Funktionswandel von der reinen Klosterkirche zur Kloster- und Pfarrkirche in Verbindung zu bringen, ihn also in die Zeit ab 1380 zu datieren. Aus dem Fehlen der romanischen Reste in der nördlichen Pfeilerreihe und weiter im Westen hat man geschlossen, daß die erste Kirche noch unvollendet war, als der Umbau begann. Es ist allerdings nur schwer vorstellbar, daß die Nonnen bis 1380 ohne Westempore ausgekommen sein sollen. Wahrscheinlicher ist eine Zerstörung der westlichen Teile des romanischen Langhauses durch einen Brand oder durch einen teilweisen Einsturz bei dem statisch riskanten Umbau zur gotischen Hallenkirche.

*Abb. 4:
Innenraum
mit südlicher
Stützenreihe.*

Die Thomaskirche in Tribsees

Abb. 1:
Blick in die
Thomaskirche
von Tribsees/
Mecklenburg-
Vorpommern.

Abb. 2:
Spuren des
romanischen
Vorgängerbaus.

Auf der Fahrt von Rostock in Richtung Grimmen ruht wenige Kilometer südöstlich von Bad Sülze die Kleinstadt Tribsees auf einem schmalen Höhenrücken. Ein wuchtiger Turm und ein hohes Dach künden von einem stattlichen Kirchenbau. Er liegt abseits der von zwei mittelalterlichen Tortürmen begrenzten Hauptstraße in einem von hohen alten Bäumen umstandenen Friedhof.

Im Innern der Kirche (s. Abb. 1) eröffnet sich ein breitgelagerter, behäbiger Hallenraum, dessen Kreuzrippengewölbe auf kräftigen, achteckigen Pfeilern ruht. Auch nach intensivem Betrachten bleibt der Eindruck einer einheitlichen, in der Zeit um 1320-40 entstandenen gotischen Hallenkirche. Erst beim Umschreiten des Baues – das eigentlich immer am Anfang einer Besichtigung stehen sollte – entdeckt man im Mauerwerk der Nordseite (s. Abb. 2) Spuren, die auf einen Vorgängerbau hinweisen. Ein Rundbogenportal wurde später vermauert und halb durch ei-

nen jüngeren Strebepfeiler verstellt. Rechts daneben sieht man die Umrisse eines vermauerten Rundbogenfensters, das in seinem Bogenscheitel durch das große Spitzbogenfenster der gotischen Hallenkirche überschnitten wird. Etwas weiter rechts, noch vor dem Fallrohr der Dachrinne, ist ein Mauerabsatz zu erkennen, die östliche Kante einer Lisene, die einst das ältere Kirchenschiff nach Westen begrenzte.

Nun ist man neugierig geworden, sucht weiter und findet noch andere vermauerte Rundbogenfenster sowie eine weitere Lisene als Begrenzung der älteren Kirche nach Osten. Auch bemerkt man Unterschiede im Format der Backsteine, die unten größer sind als oberhalb einer deutlich sich abzeichnenden Linie etwa in der Höhe der gotischen Fensterbänke. Aus allen diesen Spuren läßt sich schließen, daß die nördliche Seitenschiffmauer einer romanischen Basilika aus der Zeit um 1200 in den gotischen Neubau von ungefähr 1320-40 übernommen worden ist.

Bauen war nämlich schon im Mittelalter teuer. Da es nicht wie heute große Maschinen gab, mußte auch der Abriß mühsam von Hand erfolgen. Darum ließ man so viel Mauerwerk wie irgend möglich stehen und bezog es so geschickt in den Neubau ein, daß wir Mühe haben, dies heute zu bemerken.

Wer nun glaubt, alle Rätsel dieser Kirche gelöst zu haben und sie auf der Hauptstraße nach Westen zum Stralsunder Tor hin verläßt, dem steht beim Rückblick (s. Abb. 3) eine weitere Überraschung bevor. Über den Seitenschiffdächern erscheint ein gerades Stück Mauerwerk – Obergaden genannt – mit zugesetzten Fenstern, die es doch eigentlich bei einer Hallen-

kirche mit drei gleich hohen Schiffen ebenso wenig geben dürfte, wie getrennte Dächer für Mittelschiff und Seitenschiffe. Eine Untersuchung im Dachraum über den Gewölben bestätigt die Vermutung, daß in der Spätgotik die Hallenkirche in eine Basilika umgebaut werden sollte. Damit war man auch soweit gekommen, daß nur noch das Mittelschiffgewölbe herausgebrochen und durch ein höheres hätte ersetzt werden müssen, so wie es im 15. Jahrhundert bei der Stadtkirche im mecklenburgischen Teterow (s. Abb. 4) ausgeführt worden ist.

Dieser zweifache Wechsel von der Basilika zur Hallenkirche und dann wieder zurück zur Basilika ist eine Ei-

Abb. 3:
Die Gesamtansicht zeigt separate Dächer für Mittel- und Seitenschiffe.

gentümlichkeit der Backsteingotik im Ostseeraum und ging von der Marienkirche in Lübeck (s. Abb. 5) aus. Hier war anstelle einer ersten 1163 geweihten Holzkirche in der Zeit um 1200 nach dem Vorbild des Lübecker Domes

allein für den ungeheuren Reichtum Lübecks, sondern zeugt auch von der großen Bedeutung, die den sakralen Raumformen eingeräumt wurde.

Beim hochragenden Mittelschiff einer Basilika konnte man die Schub-

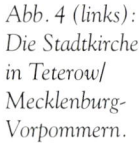

Abb. 4 (links): Die Stadtkirche in Teterow/ Mecklenburg- Vorpommern.

Abb. 5 (rechts): Die Marienkirche in Lübeck/Schles- wig-Holstein.

eine stattliche Basilika entstanden, die jedoch schon in der Zeit um 1250 in eine Hallenkirche umgebaut wurde, wobei man die romanischen Hauptpfeiler weiterbenutzte. Viele Basiliken wurden unter technisch sehr gewagten Umständen nachträglich zu Hallenkirchen umgebaut, wie auch das Beispiel von St. Marien in Bergen auf Rügen zeigt.

Das Ungewöhnliche ist nun aber, daß man in Lübeck wieder zur Basilika zurückkehrte, kaum daß der waghalsige Umbau der romanischen Basilika in eine gotische Halle beendet war. Innerhalb von 130 Jahren wurden ohne äußeren Anlaß, wie z. B. Einsturz oder Feuersbrunst, drei große Kirchen nacheinander aufgeführt. Dies spricht nicht

kräfte der Gewölbe durch Strebebögen auf die Außenwände der niedrigen Seitenschiffe ableiten. Bei den drei gleich hohen Schiffen einer Hallenkirche ist dieses statische System der Kräfteableitung nicht möglich. Reichtum und Machtanspruch ließen die Lübecker bei ihrer Hauptpfarrkirche zur Basilika als der kaiserlichen und bischöflichen Raumform zurückkehren. Auf diesem verschlungenen Weg von der Basilika zur Hallenkirche und zurück zur Basilika folgte das kleine Landstädtchen Tribsees ebenso wie die großen Küstenstädte der Ostsee dem Vorbild Lübecks, der Königin der Hanse.

Bauschäden durch Windlasten und schlechte Bodenverhältnisse

Viele werden mit Ostfriesland ein Ferienland mit Badestränden, ausgezeichnetem Tee und einer Serie von Witzen verbinden. Daß dieses Land hoch im Norden auch eine der schönsten und an mittelalterlichen Kirchen besonders reichen Kulturlandschaften darstellt, wissen außer den Ostfriesen nur wenige.

Im Zeitraum zwischen 1150 und etwa 1280 entstanden hier zahlreiche und – im Verhältnis zur Einwohnerzahl – ungewöhnlich große Dorfkirchen aus Granitquadern, Tuff- oder Backsteinen. Auffallend ist, daß es bei überdurchschnittlich vielen Kirchen oder Kirchtürmen gefährlich wirkende Schrägstellungen gibt, besonders stark bei den Südwänden, wie zum Beispiel in Engerhafe (s. Abb. 1). Schon am Wuchs der Bäume (s. Abb. 2) kann man ablesen, daß diese Landschaft stärker als andere den Naturgewalten Regen und Wind ausgesetzt ist. Die Stürme kommen von Nordwesten oder Norden und treffen deshalb mit voller Gewalt auf die Breitseite der wie große Segel aus der Ebene aufragenden Kirchen.

Bei ostfriesischen Kirchen erweist sich die liturgische Pflicht, die Kirchen stets nach Osten auszurichten, als großer Nachteil. Aus bauphysikalischen Gründen wäre eine Anordnung des Chores nach Süden und des Turmes nach Norden günstiger, wie denn auch jeder Kapitän sein Schiff mit dem Bug gegen den Orkan und nicht quer zur

Windrichtung führen würde. Man ist zunächst erstaunt, daß jeweils die Südseite der Kirchen stärker überhängt als die Nordseite, auf der doch der größere Winddruck liegt. Dieser überträgt sich jedoch über die Deckenbalken oder

Abb. 1:
Geneigte südliche Langhauswand der Kirche in Engerhafe/Ostfriesland.

Abb. 2: Allee mit vom Wind geformten Bäumen.

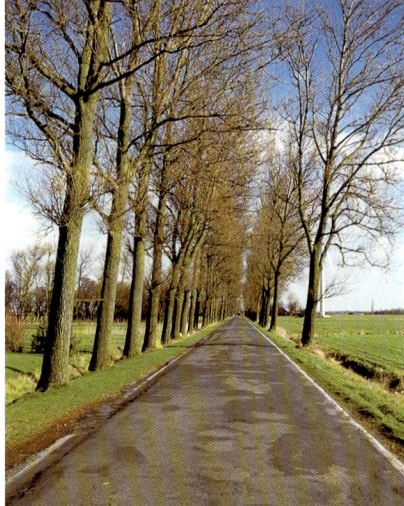

Abb. 3: Kirche in Westerholt/Ostfriesland mit Spuren der alten Apsis an der Ostwand.

Gewölbe auch auf die Südwand, an der sich zudem ein gefährlicher Sog bildet, denn die über den Dachfirst hinwegbrausenden Stürme reißen hier Luft mit, so daß ein Unterdruck entsteht.

Einst waren die meisten ostfriesischen Kirchen – so auch die in Engerhafe – sehr viel größer und auch gewölbt. Durch Einstürze gingen etwa die Hälfte der Joche und die Gewölbe verloren. Neben den enormen Windlasten sind dafür auch die ungünstigen Bodenverhältnisse verantwortlich. Bevor nämlich die Küstensenkungen im Verlauf des Mittelalters dazu zwangen, das häufig unter den Meeresspiegel geratende Land durch Deiche zu

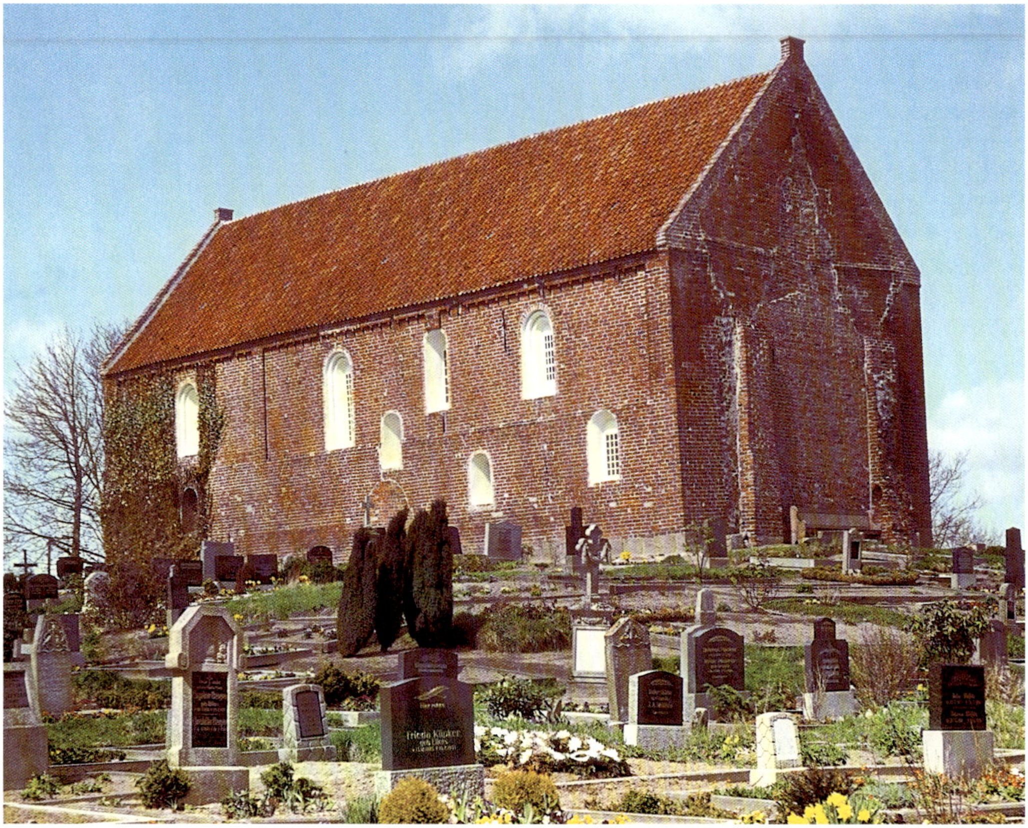

schützen, legte man für die frühmittelalterlichen, aus Holz gebauten Kirchen künstliche Hügel – sogenannte Warften – an. Für die Belastung durch eine Steinkirche war dieser aus Schlick aufgeworfene Boden zu nachgiebig, wie sich unter anderem an der Kirche von Westerholt (s. Abb. 3) erkennen läßt, denn die Gewölbe und die Ostapsis gingen auch hier durch Einsturz verloren. Zwar lagen in dem nachgiebigen Boden meist als unterste Schicht Granitfindlinge, die jedoch bei seitlicher Belastung wegen ihrer runden Form leicht ins Rollen gerieten.

Wie leichtfertig man Bauten jedoch auch bei idealen Bodenverhältnissen – z. B. im Löß – gründete, zeigt das Beispiel der romanischen Kirche im hessischen Konradsdorf (s. Abb. 4), wo zwar geschickt das sehr starke Fundament einer älteren Turmburg als Gründung für die nördliche Pfeilerreihe der romanischen Basilika genutzt, der erforderliche Höhenausgleich jedoch nur recht wacklig durch einen unter die Pfeilerbasis gelegten Mühlstein erreicht wurde.

Immer wieder stellt man bei Grabungen fest, daß die Baumeister des Mittelalters nach Möglichkeit die Fundamente des Vorgängerbaues weiterbenutzten, auch wenn ihre Kirchen höher ausfielen. Neben den wirtschaftlichen Motiven der Kosteneinsparung waren wohl auch religiöse maßgebend: Indem man auf das Mauerwerk der zu Ehren von Märtyrern oder Heiligen errichteten Vorgängerbauten gründete, glaubte man vor Schäden sicher zu sein.

Wegen des unsicheren Untergrunds finden sich in Ostfriesland kaum Türme, sondern meist niedrige Glockenstühle. Nur direkt an der Kü-

Abb. 4:
Mühlstein unter einem Pfeiler der Kirche in Konradsdorf/Hessen.

Abb. 5:
Turm der Kirche in Hage/ Ostfriesland.

Abb. 6:
Kirche in
Suurhusen/
Ostfriesland.

ste benötigte man die Türme als Seezeichen wie auch als Ausguck. In Hage (s. Abb. 5) neigt sich der Turm deutlich nach Westen. Der Statiker Günther wies darauf hin, daß dies ein Zeichen für die nachträgliche Anfügung an ein bereits bestehendes Kirchenschiff sei, denn dieses hätte seit seiner Erbauung um 1200 durch sein Gewicht den weichen Boden bereits bis zur Westwand gefestigt. Als man dann etwa 50 Jahre später den Turm errichtete, stieß dieser mit seiner Ostwand auf festgedrückten, mit seiner Westwand auf noch lockeren Boden, der stärker nachgab, so daß es zu der

Neigung nach Westen kommen mußte. In der Tat weisen auch andere Indizien auf einen nachträglichen Anbau des Turmes hin, desgleichen in Suurhusen (s. Abb. 6). Dort ist der zeitliche Abstand zwischen der Erbauung des Kirchenschiffes um 1250 und der des Turmes nach 1450 noch größer, die Schrägstellung nach Westen noch ausgeprägter. Es scheint, als neigten sich die Türme den Stürmen entgegen, denen sie auf diese Weise besser trotzen können. Auch aus Verformungen erhalten wir Hinweise auf die Baugeschichte, wenn wir sie richtig zu deuten wissen.

Spuren mittelalterlichen ‚Wettrüstens‘ an der Burg Münzenberg

Abb. 1:
Staufische Ring-
mauer der Burg
Münzenberg/
Hessen.

Burg Münzenberg in der hessischen Wetterau gehört zu den frühesten mittelalterlichen Höhenburgen in Deutschland. Kuno von Münzenberg erbaute sie ungefähr ab 1160 und konnte hier bereits 1174 dem Zisterzienserorden die Schenkungsurkunde für seine Stammburg Arnsburg ausstellen.

Nähert man sich der Kernburg, beeindruckt die Monumentalität der staufischen Ringmauer (s. Abb. 1). Sie besteht aus großen Sandsteinblöcken, die an der sichtbaren Oberfläche nur grob als sogenannte Buckelquader bearbeitet worden sind. Diese sind bei staufischen Burgen sehr häufig, so

auch bei der Ringmauer der Kaiserpfalz in Gelnhausen. Ein Mauerwerk aus Buckelquadern bezeichnet man auch als Rustikamauerwerk. Es ist für eine äußere Wehrmauer eigentlich nicht gut geeignet, da die plastisch hervorragenden Buckel das Übersteigen erleichtern, zumal die Mauer nicht sehr hoch war und die Zinnen wegen der breiten Abstände wenig Schutz für die Verteidiger boten.

Dem Erbauer Kuno von Münzenberg war es jedoch wichtiger, mit dem monumentalen und kostbaren Rustikamauerwerk die kaiserliche Macht Friedrichs I. Barbarossa zum Ausdruck

zu bringen, in dessen Auftrag er als Ministeriale des Kaisers die Burg zum Schutz des Reichsterritoriums Wetterau erbaute. Überdies reichte die Mauer gegen Angreifer, die sich nicht bereits vom imperialen Anspruch der Burg abschrecken ließen, solange vollständig aus, wie nur Schwert, Schild, Bogen, Lanze und Sturmleiter die Angriffswaffen waren. Bei den Kreuzzügen des späten 12. und 13. Jahrhunderts entwickelte man jedoch neue Belagerungstechniken, die zwangsläufig auch neue Verteidigungstechniken und damit andere Befestigungen erforderlich machten. Zur Abwehr dieser neuen Angriffswaffen – wie z. B. große fahrbare Belagerungstürme zum Übersteigen der Mauern, mobile Rammböcke zum Aufbrechen der Tore und mechanische Wurfgeschütze – erhöhte man

Abb. 2:
Äußere Schild-
mauer der Burg
Hohenstein/
Hessen.

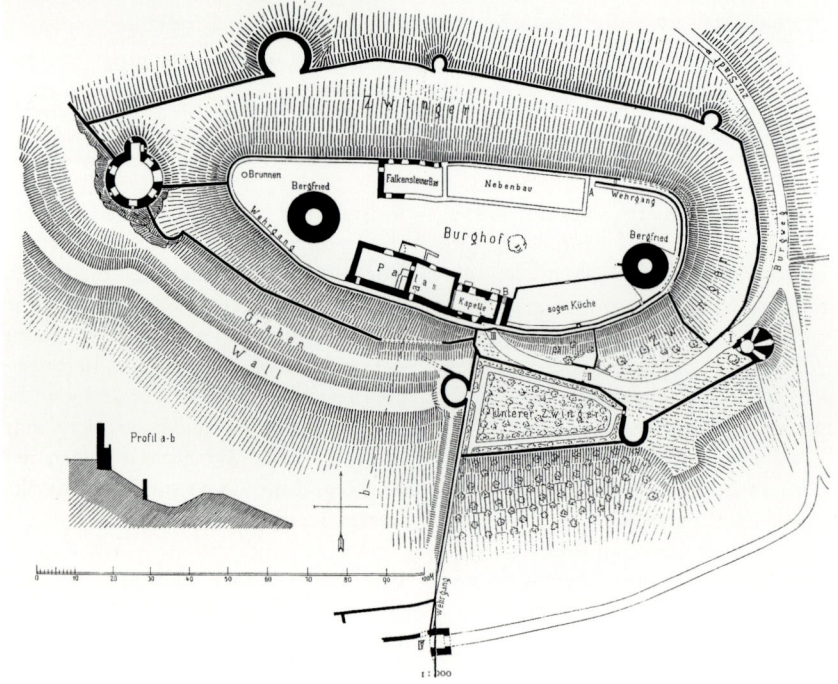

Abb. 3:
Grundriß
der Burg
Münzenberg.

die Mauern wesentlich und verstärkte ihre Dicke wie z. B. bei der äußeren Schildmauer von Burg Hohenstein im Taunus (s. Abb. 2) in der zweiten Hälfte des 14. Jahrhunderts, die eine Stärke von 2,50 Metern erreichte. Bei der Burg Münzenberg ist die nachträgliche Verstärkung im unteren Teil am Mauerabsatz sowie am dunklen Basaltgestein deutlich abzulesen. Das Mauerwerk verrät auch eine Erhöhung durch Schließen der Zinnen.

Doch höheres und stärkeres Mauerwerk reichte nicht aus, um die neuen Belagerungswaffen abzuwehren. Zusätzlich mußten sie von der Kernburg möglichst ferngehalten werden, was man durch einen weiteren äußeren Mauerring erreichte, wie er bei der Burg Münzenberg um 1425 geschaffen wurde und im Grundriß zu erkennen ist (s. Abb. 3). Zwischen beiden Mauern führte vom unteren, 1424 erwähnten Burgtor der Weg zum mittleren Tor (s. Abb. 4), und erst nach dessen Erstürmung erreichten Angreifer das obere Tor der staufischen Kernburg. Zwischen den beiden mit Verteidigern besetzten Mauern konnte der eingedrungene Gegner niedergezwungen werden, daher nennt man diese Fläche Zwinger. Er zieht sich um die ganze Burg herum und wurde in den außerhalb der Zufahrt liegenden Teilen häufig für das Halten wilder Tiere genutzt, woraus sich unsere Bezeichnung ‚Hundezwinger' ableitet. Der Dresdner Zwinger – ein schloßartig angelegtes barockes Festgelände – hat die Bezeichnung ‚Zwinger' nur deshalb erhalten, weil er an der Stelle eines mittelalterlichen Zwingers entstand.

Während der Kreuzzüge wurde eine wirkungsvolle Methode der Eroberung entwickelt, indem man die Mauern

Abb. 4:
Weg vom Burgtor zum mittleren Tor der Burg Münzenberg.

Abb. 5:
Rundturm der Ronneburg bei Büdingen/ Hessen.

Abb. 6:
Maschikulis an
der Barbakane in
Krakau/Polen.

unterminierte und damit zum Einsturz brachte. Zur Abwehr kam es also darauf an, den Gegner vom Mauerfuß fernzuhalten. Von den Zinnen allein war das sehr schwierig, weil man sich über die Mauerkrone beugen und damit gegnerischen Pfeilen aussetzen mußte. Deshalb entwickelte man das Flankierungsprinzip mit Hilfe von Rundtürmen, die – wie bei der Ronneburg (s. Abb. 5) sichtbar – über die Mauerflucht hinausragen und von deren seitlichen Schießscharten aus man den Mauerfuß erreichen konnte.

Eine andere Möglichkeit, den Mauerfuß unter Kontrolle zu halten, war die Anlage einer Hurdengalerie oder von Maschikulis. Hurdengalerien waren hölzerne Wehrgänge, die an der Außenseite so vor die Mauern gehängt waren, daß man aus Öffnungen in ih-

rem Boden senkrecht auf jeden, der sich dem Mauerfuß näherte, siedendes Pech, Steine und andere Wurfgeschosse herabschleudern konnte. Da Hurdengalerien aus Holz bestanden, sind sie nicht mehr erhalten. Dagegen findet man die aus Stein als vorkragende Bogenfriese gemauerten Maschikulis noch recht häufig, wie an der Barbakane in Krakau (s. Abb. 6), erbaut 1489-99 als freistehendes Bollwerk zur Sicherung des wichtigsten Stadttores.

Die Spuren im Mauerwerk der Burg Münzenberg weisen darauf hin, daß schon immer viel Phantasie für die Entwicklung von Angriffswaffen aufgewendet wurde und gleich noch einmal soviel Energie und Kosten eingesetzt werden mußten, um deren Wirkung durch Abwehrmaßnahmen einzugrenzen.

Wie sich Gestaltungsformen entwickelt haben

Geht man mit dem aus einschlägigen kunsthistorischen Monographien gewonnenen Wissen auf Reisen, setzt man sich nicht selten der Illusion aus, die prägenden Stilprinzipien der verschiedenen baugeschichtlichen Epochen nun auch in natura erleben zu können. Statt der reinen und eindeutigen Form begegnet man vor Ort dagegen einer ungeahnten Formenvielfalt, die eine schnelle Klassifizierung nur selten erlaubt. Der geschulte Blick vermag aber aus dem Nebeneinander der Formen nicht nur die unerläßlichen Datierungsfragen zu beantworten; er erhält durch sie auch Hinweise auf die Baugeschichte, denn die Bautechniken selbst und auch die ornamentalen Gestaltungsformen verraten oft mehr über ihre Entstehungszeit, als man zunächst annimmt.

Als sei die Schwerkraft aufgehoben

Schlußsteine gotischer Kirchengewölbe

Abb. 1 (links):
Spätromanisches
Kreuzgratgewölbe
der Dorfkirche in
Barnstorf/
Niedersachsen.

Abb. 2 (rechts):
Schlußstein der
Stadtkirche in
Schotten/Hessen.

Der Schlußstein hat in mittelalterlichen Gewölben keine besondere technische Bedeutung. Das Schmuckbedürfnis war es vielmehr, das die gotischen Baumeister dazu bewog, den architektonisch hervorgehobenen Punkt des Gewölbescheitels mit dem Kreuzungspunkt der Rippen besonders zu gestalten. Schon bei den spätromanischen Kreuzgratgewölben finden sich entsprechende Akzentuierungen mit Hilfe der Malerei, wie das Beispiel der Dorfkirche in Barnstorf (s. Abb. 1) in

Niedersachsen zeigt. In Ermangelung von plastischer Steinmetzarbeit – wofür im niederdeutschen Backsteingebiet der Naturstein fehlte – wurden die Grate des Gewölbes rippenartig mit einem Ährenmuster versehen und in ihren Kreuzungspunkt eine Art Schlußstein gemalt.

In gotischen Kreuzrippengewölben hingegen wird der Schlußstein als Ring aus den Rippenprofilen gebildet und mit Laubwerk oder figürlichem Schmuck versehen. Bei der Stadtkirche

Abb. 3:
Spätgotischer
Schlußstein in
der St. Leon-
hardskirche in
Frankfurt a.M./
Hessen.

in Schotten (s. Abb. 2), im hessischen Vogelsberg gelegen, wird ein menschliches Gesicht von einem Blätterkranz gerahmt, der sich durch seine Schrägstellung in einer rotierenden Bewegung zu befinden scheint. Die Schlußsteine gotischer Gewölbe enthalten häufig auch Reliefdarstellungen von Christus, der Muttergottes und anderer biblischer Gestalten – oder auch die Wappen der Stifter.

In der Spätgotik haben die Steinmetze bei der Gestaltung von hängen-den Schlußsteinen gelegentlich die Aufhebung der Schwerkraft vorgetäuscht und damit ihre Virtuosität bei der Beherrschung des Natursteins demonstriert. Ein sehr schönes Exemplar kann man im Salvatorchörlein der St. Leonhardskirche in Frankfurt am Main (s. Abb. 3) bestaunen. Über dem hängenden Mittelzapfen steht Christus an der Martersäule, darüber ist im Rippengeäst das Antlitz von Gottvater verborgen. Die Wappen an den Rippenverzweigungen und an der Unter-

*Abb. 4 (links):
Deckenöffnung
im Mittelschiff
des Münsters in
Freiburg i. Br.*

*Abb. 5 (rechts):
Abdeckung einer
Öffnung in der
Predigerkirche in
Erfurt/Thüringen.*

*Abb. 6:
Öffnung in einer
Gewölbekappe in
St. Marien in
Greifswald/
Mecklenburg-
Vorpommern.*

Abb. 5). Hier wurde er nachträglich mit einer Platte verschlossen, auf der das Auge Gottes dargestellt ist. Die großen kreisförmigen Öffnungen müssen nicht immer im Gewölbescheitel liegen. Wenn die starke Busung und Faltung des Gewölbes eine Öffnung im Scheitel erschwert, wird sie wie in St. Marien in Greifswald in einer Gewölbekappe angebracht (s. Abb. 6), hier betont durch einen Kranz gemalter Rosenblätter.

Forscht man nach der Bedeutung dieser Öffnungen, so wird man herausfinden, daß sie im Zusammenhang mit den mittelalterlichen Passionsfeiern und Mysterienspielen stehen, bei denen Szenen aus dem Leben Christi für die Gläubigen sinnlich wahrnehmbar dargestellt wurden. In der Stiftskirche von Wettenhausen (Bayerisch Schwaben) wird eine im Jahre 1456 lebensgroß aus Holz geschnitzte Christusgestalt auf dem Esel reitend aufbewahrt, die man am Palmsonntag durch die Kirche zog. Die Himmelfahrt Christi wurde ganz realistisch nachvollzogen, indem man eine Christusstatue an einem Seil nach oben zog und im Dachraum verschwinden ließ. Dafür brauchte man die kreisförmigen Öffnungen im Gewölbe, die in vielen Kirchen zu entdecken sind.

seite des Schlußsteins konnten den Familien Holzhausen und von Marburg zum Paradies zugeordnet werden.

Hat man sich erst daran gewöhnt, bei der Besichtigung gotischer Kirchen die Gewölbeschlußsteine besonders aufmerksam zu betrachten, fällt häufig auf, daß einer von diesen im Mittelschiff herausragend groß als offener Ring gestaltet ist, wie im Münster von Freiburg im Breisgau (s. Abb. 4) oder in der Predigerkirche von Erfurt (s.

Die Zisterzienser und die Backsteingotik

Die Katharinenkirche in Danzig (s. Abb. 1) besitzt nach Osten eine stattliche Schauwand aus drei giebelbekrönten Teilen. Am Mittelteil fallen bei näherem Betrachten die schrägstehenden Strebepfeiler, ihre enge Stellung innerhalb des breiteren Wandfeldes und die nur hier breit ausgebildete Sohlbankschräge auf.

Nach intensiverer Untersuchung lassen sich diese Unregelmäßigkeiten daraus erklären, daß ein freistehender polygonaler Chorabschluß zu einem späteren Zeitpunkt in eine breitere, gerade abschließende Chorfassade eingebunden worden ist. Der jeweilige Ansatz der Schrägseiten ist rechts und links der Strebepfeiler gerade noch zu sehen. Das Chorpolygon stammt von einem Vorgängerbau, dessen Baubeginn um die Mitte des 13. Jahrhunderts zu datieren ist, denn man weiß, daß bereits 1266 Herzog Swietopolk dort aufgebahrt wurde. Diese Kirche erfuhr im Zeitraum um 1350-1400 einen Neubau als dreischiffige Hallenkirche, nunmehr mit einem geraden Ostabschluß, in den man den Ostteil des älteren Chorpolygons integrierte.

An dieser baugeschichtlichen Beobachtung läßt sich eine interessante Strömung innerhalb der sogenannten ostdeutschen Backsteingotik festmachen. Im Unterschied zu den meisten Domen und großen Pfarrkirchen der westlicher gelegenen Hansestädte Lübeck, Wismar, Rostock und Stralsund – mit aufwendigen polygonalen Chor-

lösungen aus Umgang und Kapellenkranz – entwickelten die östlichen einen geraden Chorabschluß. In Danzig ist dies eindrucksvoll an der monumentalen Marienkirche (s. Abb. 2) abzulesen, die in Etappen zwischen 1343 und 1502 entstanden ist und ohne Zweifel das Vorbild für die Umgestaltung des Chores der Katharinenkirche war.

Der Vorteil gerade schließender Chorlösungen lag in der Möglichkeit, hier stattliche Schaufassaden mit prächtigen Schmuckgiebeln ausbilden zu können. Die serienmäßige Produktion von Formsteinen aus gebranntem

Abb. 1:
Schauwand der
Katharinenkirche
in Danzig/Polen.

71

Abb. 2 (links):
Chorabschluß
der Marienkirche
in Danzig/Polen.

Abb. 3 (rechts):
Die Klosterkirche
in Chorin/
Brandenburg.

Lehm, für herausgehobene Gestaltungselemente auch glasiert, ermöglichte in der Spätgotik einen für den Backsteinbau charakteristischen Formenreichtum. Die Wurzeln dafür liegen in der Baukunst der Zisterzienser, denen nach ihrer Ordensregel Turmbauten nicht erlaubt waren. Deshalb weisen ihre Kirchen im Westen glatt abschließende Fassaden in der Art der späteren Chorfassaden auf. Ein erstes Beispiel ist die nach 1273 begonnene und vor 1319 vollendete Klosterkirche in Chorin (s. Abb. 3). Hier ist eine Schaufassade aus Treppentürmen, Strebepfeilern, Fenstern, Blendnischen, Giebeldreiecken und Fialen entstanden.

Was in Chorin noch relativ flächig begann, gewinnt bei der Westfassade der Zisterzienserkirche in Pelplin in Westpreußen (s. Abb. 4), erbaut 1274-1320, an Plastizität und Durchbildung im Stil der Gotik, vor allem in den Giebelaufbauten. Der mittlere wirkt wie das verkleinerte Modell einer Kirchenfassade, wie sie erstmals bei der 1298 geweihten Marienkirche in Neubrandenburg (s. Abb. 5) ausgebildet

worden ist. Das in Pelplin noch bescheiden im Mittelfeld auftretende Blendmaßwerk wird hier zusammen mit den prachtvollen Fialen zum Hauptmotiv gesteigert.

Einen Höhepunkt dieser Entwicklung bildet die Ostfassade der Marienkirche in Prenzlau (s. Abb. 6), die laut Inschrift an der Westfassade 1325 begonnen wurde und auf deren Vollendung Altarstiftungen aus der Zeit um 1340 deuten. Die schrägstehenden Strebepfeiler weisen auch hier auf ein Chorpolygon hin, doch wurde dieses nicht wie in Danzig nachträglich in eine gerade abschließende Ostfassade integriert. Es stellt vielmehr als originäre Bausubstanz den Versuch dar, einen dreiapsidialen Chorabschluß mit der Ausbildung einer Schaufassade zu vereinen.

Von Neubrandenburg und Prenzlau breitete sich das Motiv der prachtvoll ausgeschmückten Chorfassade in ganz Brandenburg und Pommern aus. Weiter im Osten war der Dom in Frauenburg (Frombork) der Ausgangspunkt für eine Verbreitung dieser Eigenart im

*Abb. 4 (links):
Westfassade der
Zisterzienserkirche
in Pelplin/Polen.*

*Abb. 5 (rechts):
Die Marien-
kirche in Neu-
brandenburg/
Mecklenburg-
Vorpommern.*

*Abb. 6:
Ostfassade der
Marienkirche in
Prenzlau/
Brandenburg.*

Bistum Ermland, doch auch noch darüber hinaus wurde die im Chor gerade
schließende Stadt- und Dorfkirche mit
einem verzierten Giebel zum Charak-
teristikum der ostpreußischen Kulturlandschaft.

Von der Sakralarchitektur über-
nahm man den Schaugiebel auch für
Profanbauten, zum Beispiel bei den
Stadttoren in Prenzlau und Neubrandenburg, bei vielen Rathäusern wie
dem in Tangermünde und bei den unzähligen Giebelhäusern der Bürger, wie
Stralsund sie in reicher Zahl bewahrt
hat.

Die gotische Baukunst im Hau-
steingebiet lebt stärker von indivi-
duell aus dem Naturstein herausgear-
beiteten Details und bildhauerischem
Schmuck. Dies war den mittelalterlichen Kolonisationsgebieten im Osten
wegen der fehlenden Natursteinvor-
kommen versagt. Dort gelang es mit
der serienmäßigen Produktion von
Backsteinen, die zugleich immer auf-
wendigere Varianten hervorbrachte,
eine eigenständige Qualität innerhalb
der gotischen Baukunst zu erreichen.

73

Die Entwicklung des Maßwerks vom 13. bis zum 15. Jahrhundert

Abb. 1:
Fenster des
Laienrefektoriums
des Klosters
Maulbronn/
Baden-Württem-
berg, um 1200.

Abb. 2:
Obergadenfenster
der Kathedrale
von Chartres/
Frankreich,
1200-1210.

Als man im Laufe des 12. Jahrhunderts die Kirchen und Klostergebäude mehr und mehr mit steinernen Wölbungen versah, mußten die Fenster zusammenrücken, damit sie nicht von den halbrunden Auflagern der Gewölbe an den Innenwänden (genannt Schildbögen) überschnitten wurden. Die kahle Fläche über den beiden Fenstern durchbrachen häufig kreisförmige Öffnungen, so z. B. in Maulbronn (s. Abb. 1) bei der um 1200 entstandenen Westfassade des Laienrefektoriums.

In der Zeit um 1200-1210 rücken, zum Beispiel beim Obergadenfenster im Langhaus der Kathedrale von Chartres, (s. Abb. 2) die beiden gekuppelten Fensterbahnen und der darüber liegende Kreis schon so dicht aneinander, daß sie nur noch durch schmale Restflächen voneinander getrennt werden. Als man diese bei den Chorkapellenfenstern der Kathedrale von Reims (s. Abb. 3) in der Zeit zwischen 1211 und 1221 auflöste, entstand das erste echte Maßwerk der Gotik, das von da an zum wichtigsten Gliederungs- und Schmuckmotiv nicht nur der Architektur, sondern auch von Altären, Chorgestühl, Taufbecken und anderen Ausstattungsstücken wurde. Maßwerk ist ein abstrakt-geometrisches, aus dem Zirkelschlag entstandenes Steinwerk, das für die immer größer werdenden gotischen Fenster eine maßstäbliche Unterteilung und zugleich eine Aussteifung gegen den großen Winddruck auf den kostbaren Glasfenstern bedeutet.

Von den ersten Anfängen bis zum Ende des Mittelalters entwickelten sich immer neue Formen, so daß das Maßwerk zum wichtigsten Datierungsmittel für die Kunstgeschichte werden konnte. Alle Bauabschnitte, häufig verbunden mit einem Wechsel des Baumeisters, können nicht nur an Baunähten, sondern besonders deutlich auch am Maßwerk abgelesen werden. Dafür ist die Elisabethkirche in Marburg ein anschauliches Beispiel. Hier tritt in der Südfassade des Langhauses (s. Abb. 4) im unteren Geschoß zwischen dem dritten und vierten, im oberen zwischen dem zweiten und dritten Joch ein Wechsel der Formen auf. Bei den östlichen, also älteren Fenstern (s. Abb. 5) sind die Rundstäbe der Spitzbögen und des Kreises darüber noch völlig getrennt voneinander, ganz im Sinne der einstigen Selbständigkeit von Spitzbogen- und Rundfenstern. Dies entspricht dem Vorbild in den Chorkapellen der Kathedrale in Reims. In den nach Westen anschließenden Maßwerkfenstern verschmelzen die Rundstäbe von Spitzbögen, Kreis und Gewände zu einer Einheit, in ähnlicher Weise wie bei den Obergadenfenstern im Chorhaupt der Kathedrale von Amiens (s. Abb. 6), die zwischen 1247 und 1270 entstanden ist und schon reichere Formen mit vierbahnigem Maßwerk und einer Profilierung in zwei Ebenen aufweist.

Für die Elisabethkirche in Marburg sind durch Urkunden die Grundsteinlegung im Jahr 1235 und die Weihe 1283 überliefert. Mit Hilfe der Dendrochronologie, der Altersbestimmung von Bauholz mit Hilfe der Wachstumsringe, ist anhand des Eichenholzes aus dem originalen Dachstuhl für das Langhaus eine Entstehungszeit zwi-

Abb. 3:
Chorkapellenfenster der Kathedrale von Reims/ Frankreich, 1211-1221.

Abb. 4:
Südwand des Langhauses der Elisabethkirche in Marburg/ Hessen, 1244-1265.

Abb. 5:
Fenster der Südwand der Elisabethkirche.

Abb. 6 (links):
Obergadenfenster
der Kathedrale
von Amiens/
Frankreich,
1247-1270.

Abb. 7 (rechts):
Fenster der
Westfassade der
Marburger
Elisabethkirche,
vor 1283.

Abb. 8:
Chorfenster der
Überwasserkirche
in Münster/West-
falen, 1340-1346.

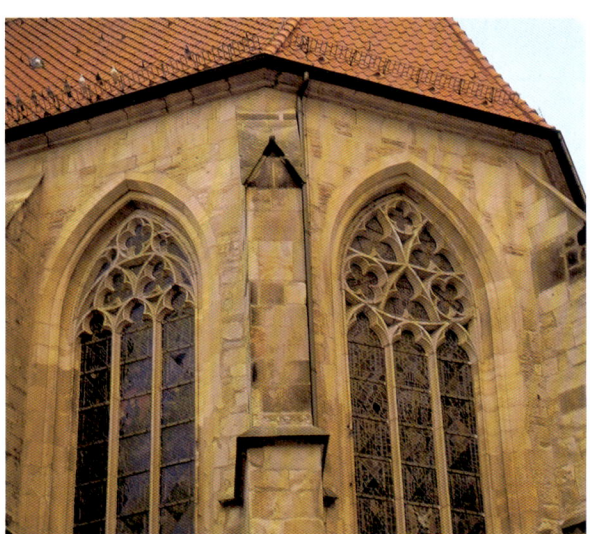

schen 1244 und 1265 ermittelt worden, der Baumeisterwechsel erfolgte
um das Jahr 1248. Der ältere Baumeister der Marburger Ostteile war noch
am Chor der Kathedrale von Reims
geschult, der Erbauer der Westteile
vielleicht am Chor der Kathedrale von
Amiens.

Das Westfenster der Marburger
Elisabethkirche (s. Abb. 7) muß bis zur
Weihe fertig gewesen sein. Es führt,
beeinflußt von der Westfassade des
Straßburger Münsters, neue Formen in
das Maßwerk ein – wie die propeller-ar-
tigen im Spitzbogen der Mittelbahn
und das darüberliegende sphärische
Viereck – und leitet damit schon über
in das Formengut des 14. Jahrhunderts.
Für diese Phase der Gotik werden die
sphärischen Drei- und Vierecke cha-
rakteristisch, wie man am Chor der
1340-1346 erbauten Überwasserkirche
in Münster (s. Abb. 8) erkennen kann.
Im linken der beiden hier gezeigten
Fenster erscheinen seitlich in den Bo-
genzwickeln bereits sogenannte Fisch-

Abb. 9:
Langhausfenster
des Petridomes
in Bautzen/
Sachsen, 1456-
1463.

blasen. Sie werden zur vorherrschenden Form im spätgotischen Maßwerk (in Frankreich ‚Flamboyant‘ genannt), gern in rotierender Form einem Kreis einbeschrieben, wie bei den auf 1456-1463 datierten Fenstern an der Südseite des Petridomes in Bautzen (s. Abb. 9). Zum Ende des 15. Jahrhunderts wird das Maßwerk wieder schlichter, werden die Fischblasen zunehmend von sich durchdringenden Kielbögen verdrängt, wie wir an dem äußeren südlichen Seitenschiff der Peterskirche in Görlitz (s. Abb. 10) erkennen können.

Die Entstehung und Entwicklung des Maßwerks konnte hier nur in groben Zügen dargestellt werden. Generell lassen sich aber alle zehn bis zwanzig Jahre neue Stilstufen feststellen und damit Mittel der stilistischen Datierung überall da anwenden, wo urkundliche Nachrichten fehlen.

Abb. 10:
Fenster des
südlichen
Seitenschiffs der
Peterskirche in
Görlitz/Sachsen,
Ende 15. Jhd.

Bauwerke im Wandel der Jahrhunderte

Abb. 1:
Westbau des
Domes in Worms/
Rheinland-Pfalz.

Bei einer Gesamtbetrachtung des monumentalen, spätromanischen Westbaues des Wormser Domes (s. Abb. 1) wirken die beiden runden Flankentürme durchaus einheitlich. Erst bei genauem Hinsehen durch ein Fernglas oder mit Hilfe einer Nahaufnahme bemerkt man Unterschiede. Während der südliche Turm (s. Abb. 2) bis zum Ansatz des geschweiften Helmes einheitlich mit den für die Romanik typischen senkrechten Lisenen, waagerechten Bogenfriesen, offenen Zwerggalerien und rundbogigen Schallarkaden ausgestattet ist, weist der nördliche Turm (s. Abb. 3) anstelle der Lisenen Dienstbündel mit darauf stehenden Fialen, Kielbogenfenster und Kleeblattbögen in der Zwerggalerie auf.

Von diesen Gestaltungselementen kann man schon auf eine Entstehung des Nordturmes in der Spätgotik schließen. In der Tat verzeichnen die schriftlichen Quellen dessen Einsturz im Jahre 1429. In der Zeit um 1480 erfolgte dann der Wiederaufbau, der in Umriß, Geschoßteilung und Vertikalgliederung dem Vorbild des romanischen Südturmes folgte, im Detail aber seine Entstehung in der Spätgotik zu erkennen gibt.

Bei der Diskussion um die richtige Gestaltung moderner Anbauten an historische Gebäude hört man immer wieder das Argument, jede Generation habe rücksichtslos das Alte beseitigt und Neues an seine Stelle gesetzt. Diese Behauptung kann so generell nur in

Abb. 2 (links):
Südlicher Turm
des Westbaues
mit Bogenfriesen
und rundbogigen
Schallarkaden.

Abb. 3 (rechts):
Nördlicher Turm
mit Kielbogen-
fenstern und
Kleeblattbögen.

Abb. 4:
Chorpolygon der
Martinikirche in
Braunschweig/
Niedersachsen.

Unkenntnis unseres Denkmalbestandes aufgestellt werden. Schon die Türme des Wormser Westbaues sind ein ausgezeichnetes Beispiel für eine denkmalpflegerische Rücksichtnahme der Gotik.

Viele andere Beispiele lassen sich aus allen historischen Stilepochen in allen europäischen Ländern finden, wenn man nur danach sucht. Beim Chorpolygon der Martinikirche am Altstadtmarkt in Braunschweig (s. Abb. 4) fallen dem aufmerksamen Betrachter die merkwürdig teigig verblasenen Paßformen im Maßwerk des Giebelkranzes und der Fenster auf: Es handelt sich bei ihnen um barocke Wiederherstellungen aus der Zeit um 1700. Das einheitlich durchgehaltene gotische System der Kathedrale von Orléans (s. Abb. 5) mit einem Gespinst von Strebepfeilern, offenen Stre-

79

Abb. 5:
Querschiffportal
der Kathedrale
von Orléans/
Frankreich, Bau-
zeit 1287-1829.

bebögen und Maßwerkfenstern verrät auf den ersten Blick nicht die lange Entstehungszeit des Bauwerks von der Grundsteinlegung 1287 am Chor bis zur Vollendung der westlichen Langhausjoche und der Turmfront 1829. Am barocken Querschiffportal und der ungewöhnlichen Gliederung des Rosenfensters, an den Akanthusranken im Giebeldreieck darüber wie auch an den Turmbekrönungen erkennt man auf den zweiten Blick schon die spezielle Handschrift der jeweiligen Generation – viel weniger aber im Innenraum, der für eine Bauzeit von 542 Jahren erstaunlich einheitlich wirkt. Die Baumeister hatten stets das ganze Werk im Auge, wohlwissend, daß sie seine Vollendung nicht erleben würden. Sie fühlten sich als Glied in einer Kette von Generationen, weshalb sie zwar im Detail ihr eigenes gestalterisches Wollen ausdrückten, doch nie auf Kosten der Einheit der Gesamtschöpfung.

Welche Einblicke
Kulturdenkmale gewähren

Manche Gebäude und Plätze konfrontieren den Betrachter
mit regelrechten Bilderrätseln. Hinter Bauelementen, die auf
den ersten Blick ganz unauffällig wirken, verbergen sich beim
näheren Hinsehen interessante Geschichten von Handel und
Wandel, von mittelalterlichem Recht und von handgreif-
lichen Strafen, von barocker Spielfreude und regionalen Ge-
bräuchen, die sich selbst für den Kundigen zunächst nur
schwer entschlüsseln lassen. Vor allem aber lassen sich diese
kleinen Zeichen als Relikte eines gesellschaftlichen Mitein-
anders lesen, das in weitaus stärkerem Maße als wir es heute
gewohnt sind auf Zeichen- und Bildhaftes als Mittel der
Verständigung setzte.

Grabdenkmale und Karner

Abb. 1:
Grabdenkmal in
der reformierten
Kirche in Hinte/
Ostfriesland.

Die reformierte Kirche von Hinte in Ostfriesland birgt ein monumentales, in zwei Geschossen und einer Bekrönung aufragendes Grabdenkmal (s. Abb. 1). Im unteren Teil rahmen Hermenpilaster einen Sarkophag, auf dem eine Gestalt ohne Unterschenkel in der Adelstracht des 16. Jahrhunderts ruht. Da Spuren zeigen, daß das Grabmal irgendwann beschädigt worden ist, interpretiert man das Fehlen der Beine auf den ersten Blick als Teil der Beschädigung.

Beim genaueren Hinsehen erkennt man jedoch, daß der Dargestellte beide Beine offensichtlich vor seinem Tode bei einem Unfall verloren hat, denn sie sind sorgfältig bandagiert. Die Inschrift verrät uns, daß es sich um den 1564 umgekommenen Junker Omcko Ripperda handelt. Der Überlieferung nach wurde er von einem Wagen mit durchgehenden Pferden überrollt. Die zerquetschten Beine hat man amputiert, in der vergeblichen Hoffnung, dadurch sein Leben zu retten. Im von Säulen und Gebälk gebildeten Mittelteil des Denkmals sieht man den jünglingshaften, unbekleideten Körper des Toten, so wie er nach den Vorstellungen der damaligen Zeit beim Jüngsten Gericht unversehrt zum ewigen Leben auferstehen würde.

Im Mittelalter und auch noch in den Jahrhunderten danach war der Glaube an die körperliche Auferstehung so stark, daß man alle Skeletteile sorgfältig aufbewahrte, auf die man – als Überreste älterer Bestattungen – beim Ausheben von Gräbern im geweihten Boden der engen Kirchhöfe stieß. Zur Aufbewahrung errichtete man sogenannte Karner, z. B. in Bad Doberan (Mecklenburg) um 1250 aus Backsteinen (s. Abb. 2) und in Heiligenstadt nach 1300 aus Naturstein (s. Abb. 3). Ihre schlanke Achteckform erinnert an steinerne Totenleuchten, wie sie außen an Friedhofskirchen vorkommen.

Von einfacherer Gestalt dagegen ist der Karner der Margarethenkapelle von Epfig im Elsaß (s. Abb. 4), eine spätere Verlängerung der Vorhalle, die sich mit einem Pultdach an die Nordseite des kreuzförmigen romanischen Bauwerks lehnt. Bedeutungsvoll ist dieser Karner vor allem dadurch, daß er uns mit seinen sorgfältig aufge-

des Königs zu der ehemaligen Hofdame war ebenso groß wie tragisch. Sie war im Gefolge der Dona Constanca von Kastilien, die zur Braut für den Infanten Don Pedro bestimmt war, nach Portugal gekommen, und ihr galt von

Abb. 2 (links): Karner in Bad Doberan/ Mecklenburg-Vorpommern, um 1250.

Abb. 3 (rechts): Karner in Heiligenstadt/ Thüringen, um 1300.

schichteten Schädeln, Arm- und Beinknochen (s. Abb. 5) seine ursprüngliche Zweckbestimmung in düsterer Anschaulichkeit vor Augen hält.

König Pedro I. von Portugal (1357-67) bestimmte vor seinem Tode, daß er und seine zweite Frau Ines de Castro im Querschiff der Zisterzienserklosterkirche von Alcobaça so bestattet werden sollten, daß sie sich sofort in die Augen blicken können, wenn sie beim Jüngsten Gericht aus ihren Gräbern steigen. Noch heute stehen sich die prächtig ausgeschmückten Sarkophage (s. Abb. 6) gegenüber. Die Liebe

Abb. 4: Die Margarethenkapelle in Epfig/ Elsaß.

Abb. 5:
Karner der Margarethenkapelle.

Abb. 6:
Sarkophag in der Klosterkirche von Alcobaça/ Portugal.

der ersten Begegnung an alle Leidenschaft des Infanten, nicht der aus politischen Gründen angetrauten Königstochter.

Nach dem frühen Tod seiner Frau ging Don Pedro deshalb eine zweite, nicht standesgemäße Ehe mit Ines de Castro ein, mit der sich sein Vater, König Alfonso IV., nicht abfinden wollte. Deshalb gab dieser 1355 im ‚Staatsinteresse' den Auftrag zur Ermordung

seiner Schwiegertochter. Gleich nach dem Tod des Königs 1357 und der Thronbesteigung seines Sohnes als Pedro I. ließ der neue König nicht nur die gedungenen Mörder hinrichten, sondern auch den Leichnam der Ines exhumieren. In die Staatsrobe einer Königin von Portugal gehüllt, wurde ihr Leichnam in der Kathedrale von Coimbra auf den Thron gesetzt. Alle Mitglieder der Cortes und des Adels mußten der toten Königin huldigen. Dann erst wurde sie in ihre letzte Ruhestätte nach Alcobaça überführt.

Man weiß nicht, wovon man mehr beeindruckt sein soll, von der großen Liebe Pedros zu Ines, von der Grausamkeit seiner Rache an der dünkelhaften Hofgesellschaft oder von seinem tiefen Glauben an die körperliche Auferstehung von den Toten am Tage des Jüngsten Gerichts. Der portugiesische Dichter Luis Vaz de Camoes (1524/25-1580) hat die königliche Liebesgeschichte in seine „Lusiaden" aufgenommen.

Wer hat da an dem Stein gekratzt?

Schleifrillen an Gebäuden erzählen ungewöhnliche Geschichten

Abb. 1 und 2: Schleifrillen an Kirchenmauern.

An mittelalterlichen Kirchenbauten findet man – meist in der Nähe von Portalen – tiefe Rillen oder halbkugelförmige Näpfchen, die offensichtlich nachträglich in den Stein eingeschliffen worden sind (s. Abb. 1, 2). Es gibt dafür die verschiedensten Deutungen, ohne daß man für die eine oder andere einen Beweis erbringen kann, denn schriftliche Aufzeichnungen aus dem Mittelalter gibt es dazu nicht. Eine Hypothese geht davon aus, daß die Spuren auf das Schleifen von Geräten aller Art zurückzuführen sind, man also die Kirche mit ihrem vielfach nur dort vorkommenden Sandstein als Schleifstein benutzte.

Abb. 3:
Brücke bei
Melsungen/
Hessen.

Abb. 4 und 5:
Schleifrillen und
-näpfchen an
Backsteinkirchen.

daß man sie spöttisch ‚Bartenwetzer‘ nannte. Diesen Namen tragen sie heute noch und bekennen sich auch dazu, wie die jüngst auf der Bartenwetzerbrücke aufgestellte Bronzestatue eines Melsunger Bürgers mit einer Axt beweist. An der Steinbrüstung der Brücke erkennt man die muldenförmige Abnutzung des Steins durch wiederholtes Wetzen der Äxte.

Eine zweite Theorie lautet, daß man an den Kirchen hauptsächlich Waffen schärfte, weil man sich hier ohnehin vor dem Aufbruch zu einem Kriegszug oder vor einer drohenden Belagerung versammelte, um göttlichen Beistand zu erflehen. Eine dritte Theorie beruht auf der gegenteiligen Vermutung, daß nämlich die Waffen aus demselben Anlaß nicht geschärft, sondern symbolisch stumpf gemacht wurden, da man den geheiligten Kir-

Daß man öffentliche Gebäude aus geeignetem Naturstein gern zum Schärfen der eisernen Geräte benutzte, legt die 1595-96 erbaute Brücke über die Fulda bei Melsungen nahe (s. Abb. 3). Hier sah man offensichtlich so häufig die Bürger von Melsungen beim Schärfen der Barten (Schneiden) ihrer Äxte,

chenraum mit scharfen Schwertern, Streitäxten oder Speeren nicht betreten durfte, diese aber weihen lassen wollte.

Für die dritte Deutung spricht, daß Schleifrillen und Schleifnäpfchen auch an Backsteinbauten vorkommen (s. Abb. 4, 5), obwohl sich dieses Material nicht zum Schärfen von Geräten oder Waffen eignet und man Backstein im übrigen auch an den eigenen Wohnhäusern oder Rathäusern fand. Man mußte dazu also nicht extra die Kirche aufsuchen, was jedoch für den Bittgottesdienst vor Kriegshandlungen mit dem symbolischen Entschärfen der Waffen nötig gewesen wäre.

Das Nordportal am Querschiff des Braunschweiger Domes (s. Abb. 6) unterstützt mit seinen besonders ausgeprägten Schleifrillen diese Theorie, denn es liegt genau an der Stelle, an der das bewaffnete Gefolge des Herzogs Heinrich des Löwen von der nahegelegenen Burg Dankwarderode kommend den Dom betrat, während der herzogliche Stifter der Kirche aus seinem Rittersaal im ersten Obergeschoß der Burg direkt über einen Gang auf steinernen Arkaden auf seine Patronatsempore im Querschiff gelangen konnte, wie heute noch – allerdings in der recht freien Rekonstruktion von 1878 – zu erkennen ist (s. Abb. 7).

Für die dritte Theorie sprechen auch solche Schleifnäpfchen, von denen anzunehmen ist, daß sie durch das Drehen von Speer-, Pfeil- oder Hellebardenspitzen entstanden sind, wodurch diese jedoch kaum scharf, sondern eher stumpf gemacht werden können.

Bei der vierten Theorie vermutet man, daß Steinmehl mit scharfen Geräten aus den Sandsteinquadern oder

Abb. 6: Nordportal des Domes in Braunschweig/ Niedersachsen.

Backsteinen herausgekratzt wurde, um es daheim als Schutz gegen Krankheiten, bösen Blick oder Hexerei in das Essen streuen zu können. Man erzählt sich, daß die Bürger von Florenz an der Ostseite des Baptisteriums das Gold von der Paradiestür des Lorenzo Ghiberti aus diesem Grund abgekratzt haben. Nach der Flutkatastrophe von 1962 hat man die Originaltür in das Museum der Domopera gebracht und am Baptisterium eine vergoldete Kopie ohne Kratzspuren eingesetzt.

Unter den sehr zahlreichen Leserzuschriften zu diesem Beitrag gab es Hinweise auf weiterführende Literatur ebenso wie Deutungen, die die von mir genannten ergänzen.

Die wichtigsten zusätzlichen Erklärungen für Schleifrillen sind:
○ Vor der Reformation fanden Eheschließungen als öffentliche Proklamationen vielfach vor der Kirche statt. Bei dieser Gelegenheit bekundeten die beiden beteiligten Familien ihre künftige Zusammengehörigkeit damit, daß sie Degen oder Werkzeuge an der Kirche in dieselbe Kerbe schlugen. Von daher soll die volkstümliche Redensart „sie schlagen in dieselbe Kerbe" ihren Ursprung haben.
○ Zum Entzünden des Osterfeuers rieb man an den Steinen der Kirchen mit einem Kieselstein über einen darunter gehaltenen Zündschwamm, wodurch sich die Rillen bildeten.
○ An den Steinen der Kirchen wurden die Griffel der Schulkinder gespitzt.

○ Die Rillen und Näpfchen entstanden durch die Entnahme von Steinmehl, das man als Schutz bei gefährlichen Reisen und Kriegszügen bei sich trug.
○ Die Näpfchen sind Spuren von Bußübungen, bei denen man durch das Drehen mit dem Fingernagel auf dem Stein Schmerzen verspürte.
○ Stolze Väter rieben nach der Geburt eines Sohnes mit dem Fingernagel die Näpfchen in den Stein.

Schleifrillen treten keinesfalls erst zu christlicher Zeit auf, sondern kommen unter anderem bereits an pharaonischen Tempeln, am Luxortempel in Theben und an vorgeschichtlichen Menhiren vor. Auch sind sie nicht auf Sakralbauten beschränkt, sondern treten z. B. an der Marksburg in Brauweiler wie auch am Juleum in Helmstedt auf, so daß nicht allein religiöse Gründe für ihr Entstehen ausschlaggebend gewesen sein können.

Geschichten vom Handel auf mittelalterlichen Marktplätzen

In der mittelalterlichen Stadt spielten sich die wichtigsten Bereiche des Lebens in der Öffentlichkeit ab. Auf den Straßen und Plätzen wurden handwerkliche Produkte hergestellt, Recht gesprochen und leichtere Strafen vollzogen, Kirmes gefeiert, Zähne gezogen und zur Ader gelassen, vor allem aber gehandelt. Die öffentlichen Räume versuchte man so angenehm wie Innenräume zu gestalten, weil man sich dort häufig aufhielt – wie dies heute noch in den südlichen Ländern geschieht. Bei unserem rauheren Klima durften die Plätze nicht zu groß sein und sollten ein bestimmtes harmonisches Verhältnis von Flächengröße zur Höhe der Randbebauung besitzen. Vor allem aber mußten sie durch die Bebauung so geschlossen sein, daß keine Zugluft entstand. Deshalb laden auch heute noch die historischen Plätze zum Verweilen ein, wie beispielsweise der Marktplatz von Alsfeld (s. Abb. 1), im Unterschied zu manchen modernen Platzschöpfungen wie dem Ernst-Reuter-Platz in Berlin: Der besteht heute aus einem Verkehrskreisel und freistehenden Einzelbauten.

In erster Linie dienten die Plätze oder breiten Marktstraßen dem Handel, der Hauptquelle für den Wohlstand der mittelalterlichen Stadt. Er mußte sich öffentlich unter dem kritischen Auge des Rates vollziehen, um Betrug an den des Rechnens und Schreibens meistens unkundigen und

Abb. 1:
Der Marktplatz
von Alsfeld/
Hessen.

Abb. 2:
Läden für den
Straßenverkauf
in Estella/
Spanien.

Abb. 3:
Fleischbänke in
Neustadt an der
Orla/Thüringen.

Martín in Estella/Spanien (s. Abb. 2) erhalten sind.

Häufig gab es auch in öffentlichen Gebäuden eine ganze Reihe von Verkaufsständen, je nach Kulturlandschaft wurden sie als ‚Schragen‘, ‚Schirne‘ oder ‚Bänke‘ bezeichnet. Ein schönes Beispiel dafür sind die Fleischbänke neben dem Rathaus von Neustadt an der Orla/Thüringen (s. Abb. 3). Die Verkaufsstände sind hier wie allgemein üblich durch Holzläden verschlossen, die bei Öffnung heruntergeklappt werden und den Ladentisch bilden. So hat sich schließlich die Bezeichnung ‚Laden‘ für ein Einzelhandelsgeschäft eingebürgert. An diese mittelalterliche Art des Verkaufens mit dem Händler im Verkaufsstand und dem Kunden auf der Straße erinnert noch heute der Ponte Vecchio in Florenz.

Die Verkaufsstände lagen in den mittelalterlichen Städten Deutschlands stets in der Nähe des Rathauses, von dem aus die Kontrolle der Größe, des Gewichts und der Güte der Produkte zu einem bestimmten Preis erfolgte. So gab es zum Beispiel in Köln 1407 Vorschriften für die Einhaltung des Brotgewichtes. Bei einem Brot mit einem Verkaufspreis von vier Pfennig wurde bei einem Mindergewicht von nur einem Lot eine Strafe von zwölf Pfennig (300 Prozent des Wertes!) erhoben, bei zwei Lot wurde bereits das Brot beschlagnahmt, bei einem noch höheren Mindergewicht die Bäckerei für eine bestimmte Zeit geschlossen oder als spezielle Strafe das ‚Schlupfen‘ angewandt. Dabei wurde der Betrüger in einen Korb am Ende eines langen Hebelbaumes gesetzt und in Gegenwart einer großen Menschenmenge mehrfach in das Wasser eines nahen Flusses oder Sees getaucht.

dadurch schutzlosen Käufern zu verhindern. Der Verkauf fand deshalb nicht innerhalb der Gebäude, sondern auf dem Marktplatz oder der Straße statt, und zwar entweder an offenen Ständen wie heute bei Wochenmärkten oder aus den Häusern heraus durch Fensteröffnungen, wie sie bei einem gotischen Haus an der Plaza de San

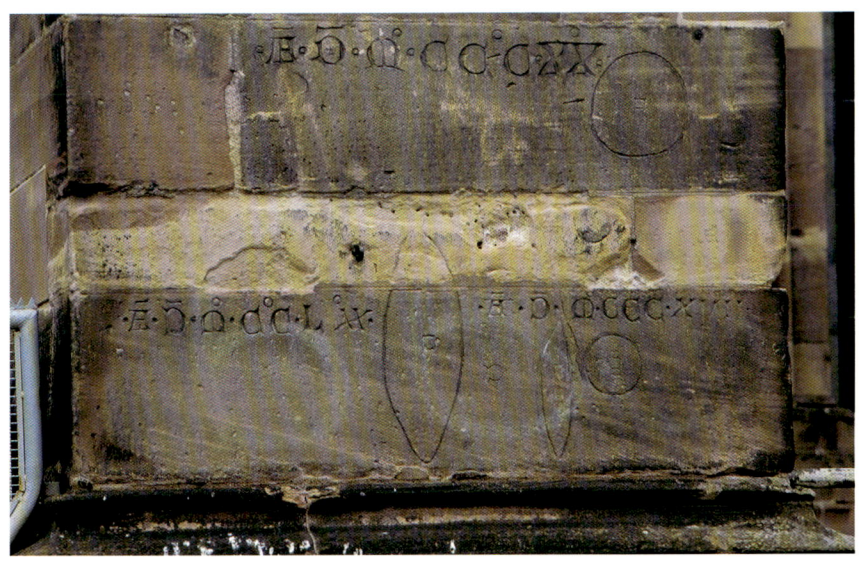

Abb. 4 bis 6: Umrißzeichnungen am Münster in Freiburg im Breisgau: Maße für Brot, einen Zuber Holzkohle und für Ziegelsteine.

Da die meisten Käufer weder lesen noch schreiben konnten, wurden die vorgeschriebenen Größen und Maße in das Quadermauerwerk von Rathäusern oder nahen Stadtkirchen eingeritzt. So finden sich verschiedene Marktzeichen am Westturm des Freiburger Münsters: Eines gibt im Umriß die vorgeschriebene Größe von Brotlaib, Brotwecken und Semmel wieder (s. Abb. 4), ein anderes die Größe eines Zubers für Holzkohle (s. Abb. 5), an dritter Stelle finden sich die obligatorischen Maße für Mauer-, Dach- und Firstziegel (s. Abb. 6). Der Käufer konnte die erworbene Ware direkt an die Umrißzeichnung halten und bei wesentlicher Unterschreitung der vorgeschriebenen Maße Beschwerde beim Rat einlegen, der in den offenen Lauben der Rathäuser oder – wie in Freiburg im Breisgau – in der offenen Vorhalle des Münsters Gericht hielt und die Strafe festsetzte. Sie konnte zum Beispiel in der Zurschaustellung des Betrügers am Pranger mit einem Halseisen erfolgen, von denen noch eines in Alsfeld am Weinhaus neben dem Rathaus zu sehen ist (s. Abb. 7).

Das Bürgertum spürte mit zunehmendem Handel und damit steigendem Wohlstand, wie wichtig die

Beherrschung des Lesens und Schreibens als Schutz vor Betrug war. Seit dem 14. Jahrhundert wuchsen deshalb die Schülerzahlen in den städtischen Schulen. Marktzeichen behielten dennoch ihre Bedeutung, allein schon zur

Abb. 7 (links):
Pranger am
Weinhaus, Alsfel-
der Marktplatz.

Abb. 8 (rechts):
Elle am Rathaus
in Groß-Um-
stadt/Hessen.

Festsetzung der gültigen Maße, die ja von Land zu Land erheblich variierten. So war eine Elle in Köln 57,9 cm lang, in Nürnberg 64,5 cm und in Frankfurt am Main 54,7 cm. An vielen Stadtkirchen und Rathäusern sind deshalb – meist als Metallstab – die ortsüblichen Ellen angebracht, wie hier am Rathaus von Groß-Umstadt in Hessen (s. Abb. 8).

Chronogramme und andere Mehrdeutigkeiten

Beim Anblick der ebenso bescheidenen wie reizvollen Dorfkirche von Schneeren im Kreis Neustadt am Rübenberge/Niedersachsen (s. Abb. 1) fällt uns eine Datierung nicht leicht, da es keine Schmuckformen gibt. Wir ahnen aufgrund der großen Stichbogenfenster, daß es sich wohl um einen Barockbau handelt, was jedoch die Entstehungszeit lediglich auf ein Jahrhundert eingrenzt.

Über dem Haupteingang auf der Nordseite finden wir jedoch eine Inschrift (s. Abb. 2), die uns das exakte Erbauungsdatum verrät, wenn es gelingt, sie richtig zu deuten. In der deutschen Übersetzung des lateinischen Textes erfahren wir zunächst nur, daß dieses Bauwerk zu Ehren der dreieinigen Gottheit errichtet worden ist.

Abb. 1:
Die Dorfkirche in Schneeren/ Niedersachsen.

Doch fällt beim Lesen auf, daß einzelne Buchstaben durch ihre Größe hervorgehoben sind. Gibt man diesen neben ihrer Bedeutung als Buchstaben auch die von römischen Ziffern und ordnet sie der rechnerischen Größe nach – also wie folgt als MDCCXVVIIII – so ergibt sich in arabischen Ziffern die Zahl 1724, das Jahr der Erbauung.

Abb. 2:
Inschrift über dem Haupteingang der Kirche.

Abb. 3:
Tor des Klosters
in Ilbenstadt/
Hessen.

Abb. 4:
Chronogramm
an der Innenseite
des Tores.

Abb. 5:
Fachwerkhaus
in Osterwieck/
Sachsen-Anhalt.

Es handelt sich bei dieser Inschrift um ein sogenanntes Chronogramm. Ist die Inschrift gar in Versform gehalten, spricht man von einem Chronostichon. Beide sind für die Barockzeit typische Formen des spielerischen Versteckens einer Jahreszahl in einem Text durch Hervorheben der zu zählenden Buchstaben als römische Ziffern. Beim oberen Tor des ehemaligen Prämonstratenserklosters Ilbenstadt in der Wetterau/Hessen (s. Abb. 3) würde man durch die reichen Gliederungs- und Schmuckformen eine Datierung in die erste Hälfte des 18. Jahrhunderts wagen, ist aber doch sehr froh, an der Innenseite durch das Chronogramm (s. Abb. 4) mit den hier in Gold herausgehobenen römischen Ziffern DDDCCVVVIIIIII das Erbauungsdatum 1726 entziffern zu können. Ein Römer würde natürlich diese Zahl kürzer MDCCXXVI geschrieben haben, doch paßt man beim Chronogramm die Schreibweise dem gewünschten Text an.

Chronogramme finden sich nicht nur an Kloster- und Kirchenbauten, sondern zum Beispiel auch an Fachwerkhäusern, wie etwa bei dem in der Schützenstraße von Osterwieck/Sachsen-Anhalt (s. Abb. 5). Hier muß Ihnen das Erbauungsdatum von 1581 sicher nicht mehr entschlüsselt werden. Allerdings kann es zu Mehrdeutungen kommen, wenn man etwa Schreibfehler ignoriert und im Fall Osterwieck alle durch die Größe hervorgehobenen Buchstaben zu 1581 addiert, oder den fehlerhaften lateinischen Text korrigiert, wie es Herr Dr. Jakob Röttger getan hat, der uns auch die Übersetzung lieferte. Richtig muß der Text nämlich lauten: paene suos aprilis ubi transegerat ortus / erigor aethereo rege favente domus = Als kaum der April seine Anfänge hinter sich gebracht hatte, / wurde ich, das Haus, errichtet unter der Gunst des himmlischen Königs. In diesem Fall fielen das römische I von suos und von irigor weg und die Zahl hieße 1579. Doch verwendete der des Lateinischen unkundige Bildschnitzer sonst stets das runde lateinische S, wollte also mit dem langen ‚deutschen' S den Buchstaben bewußt hervorheben, desgleichen beim falschen Irigor. Hätte er die Zahl 1579 angestrebt, hätte er das i klein geschrieben. So meinte er in seiner Unwissenheit wohl doch die Zahl 1581.

Die spielerische Neigung des Barock zum Mehrdeutigen äußert sich nicht nur in Chronogrammen. Bei der Stadtkirche in Bückeburg/Niedersachsen (s. Abb. 6) steht das Erbauungsdatum 1618 im Bogen des Westportals. Die Inschrift am Hauptgebälk lautet: EXEMPLUM RELIGIONIS NON STRUCTURAE, frei übersetzt: Dies ist ein Beispiel der Frömmigkeit, nicht der Baukunst. Zugleich aber erscheint in den vergoldet herausgehobenen Buchstaben der Name ERNST des fürstlichen Erbauers, worin sich eben nicht nur selbstlose Frömmigkeit, sondern menschliche Eitelkeit äußert.

Einmal darauf aufmerksam gemacht, findet man auch in anderen Bereichen Beispiele dieser barocken Leidenschaft für das Mehrdeutige. So sind beim Parkett im Treppenhaus des Schlosses Biebrich in Wiesbaden (s. Abb. 7) bei senkrechter Aufsicht Sterne und Sechsecke zu erkennen, bei der Schrägsicht erscheinen übereinander gestapelte Würfel.

Abb. 6:
Inschrift am Westportal der Stadtkirche in Bückeburg/ Niedersachsen.

Abb. 7:
Parkettboden in Schloß Biebrich in Wiesbaden/ Hessen.

Impressum

Redaktion:	Katja Hoffmann, Dr. Ingrid Scheurmann
Satz:	Christian Jaxy, Roswitha Rüben
Schrift:	Goudy B
Papier:	BVS plus matt, 135 g/m²
Gestaltung:	Christian und Johannes Jaxy, Oyten
Lithographie:	Saase + Heller, Ingelheim
Gesamtherstellung:	Kunze und Partner, Mainz

Bildnachweis: Alle Fotos, die nicht einzeln nachgewiesen werden, stammen vom Autor selbst. Weitere Fotografen: Marie-Luise Preiss, Bonn S. 8, 39 oben, 41 unten, 42 unten, 72 rechts, 94 unten; Heinz Finkener, Enger S. 33; Hanjo Volster, Wismar S. 37; Berufsbildungswerk des Steinmetz- und Bildhauerhandwerks, Frankfurt/M. S. 40 oben; Lüppo Bakker, Emden S. 82.

Verlag: Monumente Kommunikation GmbH, Verlag der Deutschen Stiftung Denkmalschutz Dürenstraße 8 53173 Bonn Fax: 0228 - 95735-28

Die Deutsche Bibliothek – CIP-Einheitsaufnahme

Kiesow, Gottfried:
Kulturgeschichte sehen lernen / Gottfried Kiesow. Deutsche Stiftung Denkmalschutz. – Bonn: Monumente Kommunikation, 1997

ISBN 3-9804890-3-5